GUIA DA GESTÃO RURAL

O GEN | Grupo Editorial Nacional – maior plataforma editorial brasileira no segmento científico, técnico e profissional – publica conteúdos nas áreas de ciências sociais aplicadas, exatas, humanas, jurídicas e da saúde, além de prover serviços direcionados à educação continuada e à preparação para concursos.

As editoras que integram o GEN, das mais respeitadas no mercado editorial, construíram catálogos inigualáveis, com obras decisivas para a formação acadêmica e o aperfeiçoamento de várias gerações de profissionais e estudantes, tendo se tornado sinônimo de qualidade e seriedade.

A missão do GEN e dos núcleos de conteúdo que o compõem é prover a melhor informação científica e distribuí-la de maneira flexível e conveniente, a preços justos, gerando benefícios e servindo a autores, docentes, livreiros, funcionários, colaboradores e acionistas.

Nosso comportamento ético incondicional e nossa responsabilidade social e ambiental são reforçados pela natureza educacional de nossa atividade e dão sustentabilidade ao crescimento contínuo e à rentabilidade do grupo.

Hugo Monteiro da Cunha Cardoso

GUIA DA GESTÃO RURAL

Gestão da informação, econômico-financeira
e tributária ao seu alcance

2ª edição
revista e ampliada

- O autor deste livro e a editora empenharam seus melhores esforços para assegurar que as informações e os procedimentos apresentados no texto estejam em acordo com os padrões aceitos à época da publicação, *e todos os dados foram atualizados pelo autor até a data da entrega dos originais à editora*. Entretanto, tendo em conta a evolução das ciências, as atualizações legislativas, as mudanças regulamentares governamentais e o constante fluxo de novas informações sobre os temas que constam do livro, recomendamos enfaticamente que os leitores consultem sempre outras fontes fidedignas, de modo a se certificarem de que as informações contidas no texto estão corretas e de que não houve alterações nas recomendações ou na legislação regulamentadora.

- Data do fechamento do livro: 25/02/2022

- O autor e a editora se empenharam para citar adequadamente e dar o devido crédito a todos os detentores de direitos autorais de qualquer material utilizado neste livro, dispondo-se a possíveis acertos posteriores caso, inadvertida e involuntariamente, a identificação de algum deles tenha sido omitida.

- **Atendimento ao cliente:** (11) 5080-0751 | faleconosco@grupogen.com.br

- Direitos exclusivos para a língua portuguesa
  Copyright © 2022, 2023 (3ª impressão) by
  Editora Atlas Ltda.
  Uma editora integrante do GEN | Grupo Editorial Nacional
  Travessa do Ouvidor, 11
  Rio de Janeiro – RJ – 20040-040
  www.grupogen.com.br
  A 1ª edição desta obra foi publicada pelo autor de forma independente.

- Reservados todos os direitos. É proibida a duplicação ou reprodução deste volume, no todo ou em parte, em quaisquer formas ou por quaisquer meios (eletrônico, mecânico, gravação, fotocópia, distribuição pela Internet ou outros), sem permissão, por escrito, da Editora Atlas Ltda.

- Capa: Leandro Guerra

- Editoração eletrônica: 2 estúdio gráfico

**CIP-BRASIL. CATALOGAÇÃO NA PUBLICAÇÃO
SINDICATO NACIONAL DOS EDITORES DE LIVROS, RJ**

C262g
2. ed.

Cardoso, Hugo Monteiro da Cunha
Guia da gestão rural : gestão da informação, econômico-financeira e tributária ao seu alcance / Hugo Monteiro da Cunha Cardoso. - 2. ed. [3ª Reimp.], rev. e ampl. - Barueri [SP] : Atlas, 2023.
; 23 cm.

Inclui bibliografia e índice
ISBN 978-65-5977-209-4

1. Administração rural. 2. Administração agrícola. I. Título.

22-75803   CDD: 630.68
                   CDU: 631.1

Meri Gleice Rodrigues de Souza – Bibliotecária – CRB-7/6439

Sobre o Autor

Hugo Monteiro da Cunha Cardoso é contador, especialista em Direito Tributário pela Universidade Católica de Pelotas (UCPel) e em Gestão do Agronegócio pela Escola Superior de Propaganda e Marketing (ESPM), com mais de 10 anos como consultor contábil e tributário de empresas familiares do agronegócio. Já atuou como Instrutor do Serviço Nacional de Aprendizagem Rural de Mato Grosso (SENAR-MT) nos cursos de Sucessão Familiar, Governança, Gestão e Planejamento Tributário e como Professor de Gestão Rural e Agroindustrial na Fundação Bradesco. Atualmente, é Professor convidado dos programas de Pós-Graduação da UCPel, ministrando as disciplinas de Direito Tributário para o MBE em Controladoria e Finanças e de Planejamento Tributário para o MBA em Agronegócio, além de ser Professor e Mentor de diversos cursos voltados ao Agronegócio pelo Prossiga Governança Familiar.

Contatos:
E-mail: hugomonteirodacunha@gmail.com
LinkedIn: https://www.linkedin.com/in/hugomonteirodacunha/
Instagram: @hugomonteirodacunha

Apresentação

O objetivo deste livro é trazer, de forma muito simples e direta, dicas valiosas para aquele produtor que explora a atividade rural na pessoa física e quer profissionalizar a sua gestão, mas que está cansado de termos técnicos exaustivos e/ou informações vagas. O propósito desta obra é ser curta, direta, mas muito útil para o dia a dia da gestão dos números do negócio e do planejamento tributário, que são atribuições fundamentais do gestor moderno.

Nessa segunda edição, além das atualizações, que sempre são pertinentes, todos os capítulos contam com alguma ampliação. O grande desafio foi enriquecer a obra, trazendo novos elementos úteis ao gestor, mas sem perder a essência: de forma simples, direta e objetiva. A cada novo tópico, isso foi levado em consideração. É o caso da gestão tributária, onde foram incluídos temas como o imposto sobre o ganho de capital, aquele incidente na venda de imóveis e que, embora eventual, é complexo, possui divergências de interpretação e exige um bom planejamento.

Como o ICMS, que possui 27 legislações diferentes, uma por estado e mais a do Distrito Federal, com tratamentos simplificados para o produtor em algumas operações, mas que não deve ser ignorado. Como tratar tal complexidade sem perder a essência? Através de uma abordagem exemplificativa, com situações que ocorrem em alguns desses estados que justificam a necessidade de atenção ao tributo.

Já o capítulo sobre a gestão econômico-financeira foi o mais ampliado, contando com um maior número de conceitos econômicos e aprofundamento na abordagem prática, como na montagem didática das principais ferramentas de gestão e indicadores, passo a passo, com exemplo hipotético de um mesmo produtor.

E é no que tange à gestão econômico-financeira e a da informação que vem a maior novidade desta edição. Será fornecida aos leitores uma planilha para a gestão econômico-financeira completa da propriedade rural. Com essa ferramenta, além de colocar em prática os conceitos abordados, será possível controlar um negócio real com as principais ferramentas de gestão para o produtor: orçamento, fluxo de caixa, demonstrativo de resultado e Balanço Patrimonial. Ainda, de acordo com os dados informados, serão calculados alguns indicadores úteis ao gestor de forma automática.

Aliás, a planilha é toda automatizada. Assim como nos exemplos do livro, do preenchimento de alguns dados iniciais básicos, do orçamento e do movimento diário de caixa (livro caixa), são gerados o fluxo de caixa projetado x realizado, a DRE projetada em determinado momento e o realizado ao final da safra. Para o Balanço Patrimonial serão preenchidas mais algumas informações e então surgirão os indicadores econômicos e financeiros.

Com isso, avançamos no propósito de profissionalização do produtor rural. Além dos conceitos importantes trazidos de forma simplificada e de fácil leitura, será fornecida uma ferramenta para a evolução dos controles gerenciais. Que o objetivo seja alcançado!

Termos, Siglas e Abreviaturas

ADE: Ato Declaratório Executivo;

ADI: Ação Direta de Inconstitucionalidade;

Barter: termo que vem do inglês e significa "troca". Na atividade rural, é utilizado para definir a operação em que há o fornecimento de insumos para a produção sendo dado o pagamento futuro com a entrega de grãos após a colheita;

CAEPF: Cadastro das Atividades Econômicas das Pessoas Físicas;

CAFIR: Cadastro de Imóveis Rurais;

CARF: Conselho Administrativo de Recursos Fiscais;

CEI: Cadastro Específico do INSS;

CODAC: Coordenação Geral de Arrecadação e Cobrança da Receita Federal;

Commodities: produtos elaborados em grande escala com qualidade e características uniformes, como aqueles produtos rurais que não se diferenciam de local para local, nem de produtor para produtor;

CPF: Cadastro de Pessoas Físicas;

CRC: Conselho Regional de Contabilidade;

DCTFWeb: Declaração de Débitos e Créditos Tributários Federais Previdenciários e de Outras Entidades e Fundos;

DIAT: Documento de Informação e Apuração do ITR;

DIMOF: Declaração de Informações sobre Movimentação Financeira;

DIRPF: Declaração do Imposto sobre a Renda da Pessoa Física;

DME: Declaração de operações liquidadas com Moeda em Espécie;

DRE: Demonstração do Resultado do Exercício;

e-Financeira: prestação de informações relativas às operações financeiras de interesse da Secretaria da Receita Federal do Brasil;

eSocial: Sistema de Escrituração Digital das Obrigações Fiscais, Previdenciárias e Trabalhistas;

Estatuto da Terra: lei que disciplina o uso, ocupação e relações fundiárias no Brasil (Lei n. 4.504, de 30 de novembro de 1964);

FAMASUL: Federação da Agricultura e Pecuária de Mato Grosso do Sul;

FETHAB: Fundo Estadual de Transporte e Habitação;

FGTS: Fundo de Garantia do Tempo de Serviço;

Fisco: órgãos arrecadadores e fiscalizadores de tributos. O nome vem do latim *fiscus*, que era dado ao cesto de vime em que o coletor de impostos romano colocava o dinheiro público que recolhia;

FR: Fator de Redução;

FUNDERSUL: Fundo de Desenvolvimento do Sistema Rodoviário de Mato Grosso do Sul;

FUNRURAL: Fundo de Assistência ao Trabalhador Rural;

GFIP: Guia de Recolhimento do FGTS e de Informações à Previdência Social;

ICMS: imposto sobre operações relativas à circulação de mercadorias e sobre prestações de serviços de transporte interestadual e intermunicipal e de comunicação;

IN: Instrução Normativa;

INSS: Instituto Nacional do Seguro Social;

IRPF: Imposto de Renda da Pessoa Física;

ITR: Imposto Territorial Rural;

LCDPR: Livro Caixa Digital do Produtor Rural;

MAPA: Ministério da Agricultura, Pecuária e Abastecimento;

MP: Medida Provisória;

PIB: Produto Interno Bruto;

Plano plurianual da RFB: relatório anual que apresenta os resultados da fiscalização da Receita Federal do Brasil no ano anterior e expõe o plano de ação para o ano vigente;

PRR: Programa de Regularização Tributária Rural;

RAT: Riscos Ambientais do Trabalho;

RE: Recurso Extraordinário;

RFB: Receita Federal do Brasil;

RIR: Regulamento do Imposto de Renda;

SENAR: Serviço Nacional de Aprendizagem Rural;

SERFB: Secretaria Especial da Receita Federal do Brasil;

SIPT: Sistema de Preços de Terras;

SPED: Sistema Público de Escrituração Digital;

STF: Supremo Tribunal Federal;

STJ: Superior Tribunal de Justiça;

***Trading company*:** empresas comerciais que atuam como intermediárias em operações de exportação de produção;

VTN: Valor de Terra Nua.

Prefácio

Livros são obras atemporais. Mesmo quando a evolução da sociedade coloca os ensinamentos neles contidos em desuso, ainda assim eles continuam válidos para que possamos entender como a sociedade funcionava e quais as pontes que a trouxeram daquele passado para o ponto em que se encontra o leitor. Obras de qualidade não envelhecem, apenas mudam de propósito.

Mesmo assim é sempre arriscado usar números para medir grandezas financeiras, uma vez que estas também mudam com o passar dos anos. Entretanto, tenho certeza de que em qualquer tempo o leitor vai entender o significado deste 2021 em que a agropecuária brasileira pulverizou a marca de R$ 1 trilhão em faturamento. Isso é um grande feito! É o resultado de um crescimento nominal médio acima de 12% ao ano nos últimos 10 anos...

E a história dessa caminhada é tão bonita quanto repleta de desafios, pois nem sempre as coisas foram assim como neste ano. Para começar, entramos tardiamente no processo que se chamou de "Revolução verde" em relação à Europa e Estados Unidos, reconstruímos nossas relações com o governo – abandonando uma cultura espúria, abusiva e matriarcal que somente trouxe atrasos ao setor. Rompemos com pleitos protecionistas que nos mantinham incapazes de ganhar a concorrência dentro do nosso próprio país, pois a proteção gera acomodação e baixa produtividade. Quem vê a pujança do agronegócio brasileiro de hoje talvez não saiba quanto trabalho foi feito, quanta reinvenção, quanto foco e planejamento para o país deixar de ser importador de alimentos para ser um dos maiores exportadores do mundo.

Hoje podemos dizer que sempre é dia para o agronegócio brasileiro, pois o sol nunca se põe para nós. Atendemos 190 países e colocamos nossos produtos nas mesas de 1,6 bilhão de pessoas. Quando anoitece em alguns dos nossos clientes, amanhece em outros e sempre tem um brasileiro comprando ou vendendo, falando várias línguas em escritórios espalhados pelo mundo para melhor posicionar o que, com alta tecnologia e eficiência, produzimos no campo e em nossas indústrias. O agronegócio é um Brasil que dá certo!

Mas isso tudo já foi feito. É nosso passado, nos orgulhamos dele, mas já foi. E, quando obtemos as respostas, mudam as perguntas...

Para chegar nesse ponto de altas produtividades, alongamento de cadeias, investimentos pesadíssimos e tecnologias de ponta, pelo menos uma consequência se ergueu: o aumento da complexidade da produção e, principalmente, da gestão.

Eu não tenho a menor dúvida que o grande desafio do agronegócio brasileiro neste século será a gestão. Como fazer tudo isso, com toda essa complexidade, com todos esses investimentos, com esses níveis de desembolsos, de forma economicamente viável? Esta é a nova pergunta.

O livro que você, caro leitor, está lendo, é um passo firme na direção das respostas para esses novos desafios que o setor vive. O que o Hugo Monteiro da Cunha Cardoso traz, com todo o seu conhecimento e brilhantismo, é um verdadeiro manual de soluções para grandes e novos problemas que produtores rurais e empresas estão enfrentando no seu cotidiano e vão enfrentar cada vez mais ao longo desse século. Com um repertório analítico vasto e com singular capacidade de entregar informações de alto nível para profissionais da área e, ao mesmo tempo, trazer para a mesma página leigos no assunto, Hugo Cardoso nos brinda com um conteúdo alinhado com os grandes gargalos do "agro", que atualmente residem nos escritórios dos produtores e não mais nas suas lavouras.

A falta de organização fiscal e financeira, bem como as más contratualizações entre partes e entes, têm sistematicamente deixado o dinheiro que iria para o bolso sobre a mesa, o que nos lembra que não se pode perder na gestão o que com suor se ganha na atividade fim.

Por fim, agradeço muito ao Hugo por ter chegado até aqui, ter concluído esse esforço de entregar a bons produtores, empresários e profissionais do agro uma oportunidade de subir ao próximo nível. E você, leitor, o parabenizo pela iniciativa e pela escolha, pois lhe garanto que esse livro vai acrescentar muito na sua vida.

Antônio da Luz
Economista

Economista formado pela Universidade Federal do Rio Grande do Sul (UFRGS), Mestre em Economia (UFRGS) e Doutor em Economia do Desenvolvimento pela Pontifícia Universidade Católica do Rio Grande do Sul (PUC-RS). Atua como Economista-Chefe do Sistema Farsul e também como Professor Titular das disciplinas de Comercialização e Microeconomia em cursos de pós-graduação (especialização e MBA). Foi economista da Agenda 2020 e é proprietário da Agromoney. Antônio da Luz é um dos economistas consultado pelo Banco Central do Brasil para a elaboração do Relatório Focus com as expectativas de mercado para PIB, inflação, juros e câmbio, entre outros. Foi eleito em 2017 como Economista do Ano pelo Conselho Regional de Economia do Rio Grande do Sul (Corecon-RS) e em 2019 recebeu a Medalha Assis Brasil do governo do estado do Rio Grande do Sul.

Material Suplementar

Este livro conta com o seguinte material suplementar:

Para todos os leitores:
- Planilha editável em Excel e instruções para utilizá-la (requer PIN).

O acesso ao material suplementar é gratuito. Para o material que requer PIN, basta que o leitor se cadastre e faça seu *login* em nosso *site* (www.grupogen.com.br), clicando em Ambiente de aprendizagem, no *menu* superior do lado direito. Em seguida, clique no menu retrátil e insira o código (PIN) de acesso localizado na orelha deste livro.

O acesso ao material suplementar online fica disponível até seis meses após a edição do livro ser retirada do mercado.

Caso haja alguma mudança no sistema ou dificuldade de acesso, entre em contato conosco (gendigital@grupogen.com.br).

Sumário

Introdução, 1

   O Novo Empresário Rural e o Desafio da Gestão do Negócio, 1

Parte I – Gestão da Informação, 5

Parte II – Desmistificando a Gestão Econômico-Financeira no Agro, 9

   1.1 Produtividade, custos ou preços: o grande dilema do produtor, 9

   1.2 O que é gestão econômico-financeira?, 10

   1.3 Apresentando as principais ferramentas de gestão, 12

      1.3.1 Orçamento, 12

      1.3.2 Fluxo de caixa, 12

      1.3.3 Demonstrativo de resultado, 12

      1.3.4 Balanço Patrimonial, 16

   1.4 Utilizando as ferramentas de gestão, 16

      1.4.1 Confeccionando o orçamento, 17

      1.4.2 Do orçamento ao fluxo de caixa, 20

      1.4.3 Finalizando a safra com a DRE, 22

1.4.4 Levantando o Balanço Patrimonial, 23

1.5 Indicadores úteis à gestão, 25

1.5.1 Índices de liquidez, 25

1.5.2 Índices de endividamento, 26

1.5.3 Índices de rentabilidade, 28

1.6 Por que preciso ter uma gestão econômico-financeira?, 29

Parte III – Gestão Tributária para Produtores Rurais, 31

2.1 IRPF, 31

2.1.1 O que é o imposto de renda?, 31

2.1.2 Principais mudança nos últimos anos, 32

2.1.3 Quem precisa declarar?, 32

2.1.4 Como é calculado o imposto de renda da atividade rural?, 33

2.1.5 Exemplo prático, 34

    2.1.5.1 Itens do cálculo do IRPF, 34

    2.1.5.2 Apuração por resultado, 35

2.1.6 Principais dúvidas sobre o imposto de renda da atividade rural, 36

2.1.7 Imposto de renda sobre o ganho de capital nas pessoas físicas, 39

    2.1.7.1 O que é ganho de capital?, 39

    2.1.7.2 Alíquotas, 40

    2.1.7.3 A utilização do VTN da declaração de ITR, 40

    2.1.7.4 Isenções previstas no regulamento do imposto de renda das pessoas físicas, 44

    2.1.7.5 Reduções da base de cálculo na venda de imóveis, 46

        2.1.7.5.1 Hipóteses de redução, 46

2.1.7.6 Questionamentos essenciais para um planejamento tributário sobre a venda de um imóvel, 46

2.1.8 Por que o produtor rural deve se preocupar com o imposto de renda?, 47

2.2 Modelos de exploração da atividade rural, 50

2.2.1 Exploração das áreas comuns pelo casal, 50

2.2.2 Exploração em condomínio, 51

2.2.3 Exploração de área cedida através de comodato, 51

2.2.4 Arrendamento e parceria rural, 51

2.2.4.1 Comparativo entre arrendamento, parceria e comodato, 52

2.2.4.1.1 Parceria rural, 52

2.2.4.1.2 Arrendamento, 53

2.2.4.1.3 Comodato, 53

2.3 FUNRURAL, 54

2.3.1 Cronologia dos fatos, 55

2.3.2 Como está o FUNRURAL atualmente?, 55

2.4 ICMS, 61

2.5 Livro Caixa Digital do Produtor Rural (LCDPR), 63

2.5.1 O que é o LCDPR?, 63

2.5.2 Quem está obrigado a transmitir esses dados?, 63

2.5.3 Principais dúvidas sobre o LCDPR, 64

2.5.4 Principais impactos do LCDPR nos negócios rurais, 66

Considerações Finais, 71

Bibliografia, 81

Índice Alfabético, 87

Introdução

O Novo Empresário Rural e o Desafio da Gestão do Negócio

Alguma vez você já parou para pensar como seria herdar a gestão de um negócio familiar? O que você faria para dar continuidade ao que as gerações anteriores construíram e fizeram prosperar? Seguiria fazendo tudo da mesma forma? Isso seria suficiente para levá-la às próximas gerações?

Absorver a cultura, os valores e o amor pelo negócio é algo essencial na etapa da transição. Entretanto, é necessário ter a percepção de que o que funcionou no ano passado até pode funcionar novamente neste ano, mas talvez não aconteça no próximo. Assim, o que deu muito certo até hoje no modelo de gestão anterior pode não ser o melhor caminho para os próximos anos. Portanto, é papel do sucessor na gestão, seja ele um membro da família ou um profissional contratado, reconhecer o que de bom ainda pode ser mantido e repensar decisões anteriormente tomadas, avaliando os melhores caminhos.

Trazendo para a sucessão familiar, fica mais evidente o desafio, mas ele também está presente, diariamente, para aqueles que já estão a algum tempo à frente dos negócios. Todo o gestor de negócio rural precisa compreender o que é o exercício da gestão. Ele deve estar sempre atento às mudanças de condições nas áreas econômicas, tecnológicas e climáticas, repensando decisões o tempo todo. Rever direções, avaliar riscos e traçar novos caminhos é um exercício diário da gestão.

Sabe-se que, de forma geral, grande parte do tempo de um gestor é gasto com trabalhos e tarefas de rotinas e o diferencial está no tempo investido em planejamento.

Podemos classificar as tomadas de decisão em dois tipos: as táticas e as estratégicas. As táticas são aquelas decisões pontuais, de curto prazo, que geralmente dispõe de urgência e são tomadas para que o negócio continue funcionando. Já as decisões estratégicas são de longo prazo, exigem planejamento e são tomadas para que o negócio prospere.

Nessa linha, podemos dizer que agir de forma tática significa fazer algo corretamente, com eficiência. Já atuar estrategicamente busca a eficácia, fazendo o que é certo. Em outras palavras, a primeira faz com que o negócio continue funcionando e a segunda faz com que o negócio cresça e se desenvolva.

Decidir o preço e o momento certo para a venda de um produto ou a compra de um insumo são exemplos clássicos de uma decisão tática. Escolher o momento de plantar e colher, quais as culturas e a área a ser utilizada por cada uma delas são exemplos de decisões táticas, no entanto, mais complexas, pois necessitam de um pouco mais de preparação.

Traçar regras para as próximas gerações, com a ajuda de um protocolo familiar; investir no gerenciamento de dados contábeis, fiscais e financeiros; implantar um processo de governança corporativa e iniciar a sucessão em vida são exemplos de decisões estratégicas. Nestes casos, o planejamento é fundamental. Planejar é buscar uma linha de ação, estabelecendo metas a curto e/ou a longo prazo, tendo "jogo de cintura" e percepção de que, às vezes, os rumos iniciais podem ser alterados por uma mudança de cenário.

Em suma, planejamento não é um ato fixo, imóvel, e sim um conjunto de ações variáveis que, ainda assim, deve seguir uma sequência lógica para ser eficaz:

- **1º passo:** definição de rumos, identificação da mudança de cenário ou oportunidade de melhoria;
- **2º passo:** traçar uma linha de ação;
- **3º passo:** estabelecer metas de curto, médio e longo prazo;
- **4º passo:** colocar em prática o que foi planejado;
- **5º passo:** monitorar, acompanhar o andamento;
- **6º passo:** ajustar o que for preciso;
- **7º passo:** voltar ao primeiro passo.

Nota-se que o planejamento é periódico. Após o ajuste, surge uma nova ideia, que é novamente colocada em prática, devendo ser sempre acompanhada e ajustada quando o gestor perceber a necessidade.

Esses conceitos e técnicas de gestão podem até não ser novidade nas empresas em geral. Mas como implementá-las de maneira usual no meio rural? Além de todas as particularidades do dia a dia nessa "indústria a céu aberto", o produtor rural está inserido em um caso específico e muito peculiar de atividade econômica: uma das únicas atividades que podem ser exercidas pela pessoa física, sem equiparação ou obrigatoriedade de constituição de uma pessoa jurídica.

Isso é possível tanto pelo Código Civil que, em seu artigo 970 assegura tratamento favorecido, diferenciado e simplificado ao empresário rural, quanto pela legislação do IRPF, mais especificamente a Lei n. 8.023/90, regulamentada nos artigos 50 a 64 do Regulamento do Imposto de Renda, Decreto n. 9.580/18 e normatizada na Instrução Normativa SRF n. 83/01, que admite que o produtor rural tribute sua renda sob as normas específicas concedidas às pessoas físicas.

Ainda, diante deste tratamento diferenciado, uma empresa rural pode ser constituída por uma sociedade de pessoas físicas, membros da família ou não, com os contratos de exploração previstos na legislação, também sem a equiparação à sociedade empresária.

Esse tratamento simplificado desobriga e/ou flexibiliza algumas regras societárias, contábeis e tributárias. Por exemplo, não há a obrigatoriedade legal de contabilidade regular ou de custos para esses produtores. Também não é necessário realizar reuniões anuais de sócios para deliberações sobre lucros, patrimônio ou gestão do negócio. Salvo exceções estaduais, a obrigatoriedade principal é a de entrega da declaração do IRPF e, mais recentemente, para alguns produtores, a confecção do LCDPR. Ambas, anualmente.

Embora com menos obrigatoriedades, o que impede o produtor de se profissionalizar? Muitos deles já estão bem evoluídos nesse quesito. Para outros, talvez falte visualizar a necessidade, os benefícios e, principalmente, que é possível, dando um passo de cada vez e de forma simples, chegar lá.

O novo empresário rural precisa estar ciente das mudanças recentes e da evolução dos controles derivada da tecnologia da informação. Necessita entender que a possível informalidade refletida pelo tratamento diferenciado assegurado pode trazer problemas de ordem tributária, que afetam diretamente o resultado. Que não controlar seus custos e/ou confundir as finanças pessoais com as da atividade rural também podem trazer perdas de rentabilidade.

Por fim, em um ramo tão representativo dentro do PIB nacional, é necessário, apesar da facilidade legal, se enxergar como uma empresa de fato, percebendo as vantagens competitivas que derivam de uma boa organização e uma gestão eficaz dos números do negócio. Ver-se como parte ativa, seja elaborando as próprias ferramentas de gestão ou então elevando o senso crítico para a discussão com os profissionais responsáveis pela execução, trazendo soluções totalmente integradas à realidade do meio em que está inserido e, principalmente, agir estrategicamente.

Ciente do grande desafio, esse livro foi pensado e escrito para auxiliar diretamente o produtor rural pessoa física, bem como gestores, estudantes e profissionais da área, na ampla gestão do negócio, abrangendo desde a gestão da informação até a econômico-financeira e tributária, trazendo alguns elementos que comprovam que o produtor rural precisa se importar mais com o tema e dando dicas para auxiliar e simplificar essa tarefa.

Parte I

Gestão da Informação

Na mesma velocidade em que avançam as tecnologias na produção rural, evoluem os mecanismos de coleta e tratamento de dados e informações. Da mesma forma com que os avanços da biotecnologia aumentam a produtividade, possibilitando maior resistência a danos causados por pragas, insetos e doenças, o avanço da tecnologia da informação incrementa a velocidade e a facilidade com que as informações circulam entre os usuários.

Mas essa velocidade e facilidade de informações do nosso mundo moderno pode ter como efeito colateral exatamente o oposto do que se objetiva com a automação de dados: a falta de controle. Por quê? Porque é necessário transformar a diversidade de dados disponíveis em informações, de fato, úteis, que resultem em conhecimento da realidade. Além disso, cada usuário envolvido dentro do negócio, ou até de fora da porteira, necessita de um tipo de informação diferente. Ou seja, o dado é o mesmo, mas a informação gerada respeita modelos diversos. Sem uma boa visão sistêmica na hora da implementação de um sistema de gestão, pode-se cometer o erro de se ter muitos dados que, não transformados em informação para análise, tornam-se inúteis ou, então, haver a necessidade de um retrabalho, alimentando vários sistemas de automação com o mesmo conteúdo ao invés de aproveitar esses dados alimentados em um mesmo sistema para geração das informações em variados formatos.

Exemplificando: uma fazenda precisa de um fluxo de caixa para controlar a capacidade de pagamentos e demonstrar o lucro do negócio para um sócio que está fora, através de uma DRE. O gestor ainda precisa apresentar a evolução do negócio nos últimos anos para comprovar sua eficiência no Balanço Patrimonial. Esses três primeiros exemplos tratam de informações gerenciais. Além disso, o contador precisa elaborar o imposto de renda com as informações fiscais, ou seja, considerando apenas os pagamentos dedutíveis e receitas tributáveis na atividade rural de acordo com a legislação vigente. Essas mesmas informações fiscais precisam estar na mão do gestor para, junto com o fluxo de caixa projetado, auxiliar na gestão tributária para ter-se uma ideia do quanto está se pagando de imposto de renda em determinado momento. Por fim, a Receita Federal precisa dessas informações fiscais em um formato específico definido por um leiaute técnico para a geração do LCDPR. Note que nesse exemplo são até sete relatórios distintos, correto? Mas quais são os dados que os alimentam? Os mesmos! Os mesmos números do negócio, filtrados de forma diversa, dão origem às informações constantes nesses relatórios. Por que utilizar vários sistemas se é possível alimentar uma mesma base, uma única vez e personalizar os relatórios?

Para se ter uma gestão de dados eficaz e segura, é ideal que o mesmo dado informado uma vez gere todos os tipos de relatórios necessários para o modelo de negócio em questão. Para tanto, na hora da contratação de um software de gestão dos números do negócio rural, deve-se levar em conta aspectos como:

- Quais são os formatos de relatórios que eu necessito para uma boa gestão, levando em conta o momento, o tamanho e a complexidade do negócio e o volume de informações necessárias para a tomada de decisão gerencial?
- O sistema analisado permite a geração desses relatórios em Excel para evitar as várias planilhas paralelas que possuo?
- Esse sistema consegue utilizar os mesmos dados para todos os formatos de relatórios que eu preciso, fiscais e gerenciais?
- Caso não gere todas as informações, consegue exportar os dados para um outro sistema contábil/gerencial para evitar o lançamento dos mesmos dados mais de uma vez?
- A pessoa que irá operar o software possui conhecimentos básicos de contabilidade para filtrar as informações fiscais e alocar corretamente as gerenciais?

Outra dica muito importante, que aprofundaremos mais para a frente, é que para evitar que os dados existam em excesso, mas que as informações úteis não sejam escassas, não se deve dar um passo maior do que as pernas. Ou seja, se eu ainda não tenho nem um fluxo de caixa em Excel, não adianta querer gerar dentro de um software relatórios muito específicos, como por exemplo, o gasto com parafusos em cada instalação. Por isso, tem que se levar em consideração o **MOMENTO**, a **ESTRUTURA** e a **COMPLEXIDADE** do negócio. O que é mais importante controlar no momento? Preciso de informações complexas? Tenho estrutura operacional suficiente para garantir a qualidade, confiabilidade e segurança das informações que desejo obter? É importante ter uma visão mais ampla, planejando desde então à possível evolução das ferramentas gerenciais de controle do negócio, aumento de estrutura, novos sócios e colaboradores envolvidos, para compreender todas as possibilidades do sistema e perceber até onde ele será útil, mas sempre deve ser dado um passo de cada vez. Na ânsia de partir do zero para um controle muito elaborado, há grande chance de perda de qualidade e de segurança nas informações. Quanto mais controle eu quero ter, maior é o número de detalhes sobre uma operação que devem ser informados no sistema e isso aumenta a possibilidade de erros de lançamento por parte do operador. Muitos desses detalhes precisam estar integrados com o que está sendo feito diretamente no dia a dia lá no campo. Se o controle é novo para o gestor, também é novo para o funcionário do escritório e mais novo ainda para quem está no campo, envolvido apenas com a produção de alimentos.

Além disso, os dados informados precisam ser tratados para virar informação e essas informações precisam ser analisadas para se tornarem úteis à gestão. E tudo isso custa tempo. Vale a pena investir esse tempo em controles desnecessários? O ideal é priorizar as informações mais importantes para a tomada de decisão. Incluindo os novos hábitos por etapas, na segunda etapa todos os envolvidos já estarão mais preparados, ou seja, prontos para os próximos passos, até chegar com segurança a um maior nível de controle e com informações úteis.

Vimos que o gestor toma decisões importantes o tempo todo, seja sobre a utilização ou não de novas tecnologias, quando e quanto investir, quais insumos utilizar, quando os comprar, entre outras questões, chegando até à decisão sobre a formação do preço final de venda dos produtos e o momento certo para a comercialização. Ele também é responsável por vislumbrar as oportunidades e os potenciais problemas para, então, buscar a solução adequada em cada situação. Podemos dizer que até a opção por não fazer nada, deixando o negócio/situação/problema como está, é uma importante decisão tomada pelo gestor que, como qualquer outra, trará reflexos a curto, médio ou longo prazo. Em todas essas tarefas importantes, para a tomada de decisão ideal, além de muita experiência prática, conhecimento sobre teoria econômica, administração e de mercado, o gestor rural precisa ter amplo conhecimento do seu próprio negócio, e isso só é possível com informações confiáveis.

Em suma, diante de tantas tomadas diárias de decisão, a gestão da informação torna-se uma importante ferramenta de auxílio à gestão do empresário rural, seja através do fornecimento de dados gerenciais ou tributários-fiscais, contribuindo em duas etapas lógicas envolvidas em qualquer tomada de decisão: planejamento e controle.

O planejamento é a etapa do ato da tomada de decisão que analisa dentre as alternativas encontradas qual se apresenta como a melhor opção para a busca da solução de um problema ou aproveitamento de uma oportunidade. O controle é a penúltima etapa da tomada de decisão, pois possibilita monitorar os impactos da decisão tomada, sendo este monitoramento essencial para a última etapa, que é a avaliação dos resultados positivos ou negativos ocasionados pela decisão escolhida.

Fazendo um *link* com a parte tributária, que adentraremos mais à frente, assim como os dados e informações são importantes para um dos usuários, que é o gestor, também são relevantes para um outro usuário que se encontra fora da porteira: a Receita Federal. Da mesma forma que o gestor necessita das informações para o planejamento e controle do negócio, o Fisco as necessita para o planejamento e controle da arrecadação. Voltando à evolução das tecnologias, o gestor necessita de um sistema eletrônico que gerencie os dados de maneira ampla e que possibilite fácil acesso e confiabilidade das informações. Com a Receita não seria diferente. Se o gestor do agronegócio precisou aprimorar o controle buscando softwares que atendessem às suas necessidades específicas, o Fisco também buscou ferramentas para a criação de mecanismos de controle e eficiência da arrecadação.

Portanto, a facilidade de acesso à informação gerada pela tecnologia agiliza a tomada de decisão do empresário rural, contribuindo para a maximização dos resultados, mas também acelera a evolução dos órgãos fiscalizadores. Dessa forma, uma tomada de decisão equivocada – do ponto de vista tributário – pode até dar uma ideia de aumento do resultado. Entretanto, a facilidade de acesso por parte do Fisco à possível informação inconsistente acarreta um risco de impacto tributário negativo muito maior do que o ilusório impacto positivo inicial. Para uma maior segurança, evitando problemas com o Fisco, é importante possuir um acompanhamento tributário especializado na operacionalização do negócio rural. Contudo, assim como na gestão econômico-financeira, para o acompanhamento tributário através dos números do negócio o gestor tem papel fundamental, e sem o seu envolvimento a gestão tributária pode não ser tão eficaz, visto que nenhum profissional sabe tanto do negócio quanto o próprio produtor rural.

Parte II

Desmistificando a Gestão Econômico-Financeira no Agro

1.1 Produtividade, custos ou preços: o grande dilema do produtor

Na economia, existe uma teoria chamada de princípio dos rendimentos decrescentes. Ou seja, considerando-se também os custos fixos, aqueles que vão existir mesmo que não se produza sobre um hectare sequer, em um primeiro momento quanto mais se desembolsa em custos variáveis, como fertilizantes e mão de obra, maior é o resultado obtido. Logo, a produtividade dispara em comparação ao desembolso. Só que, gradativamente, essa distância vai diminuindo e, a partir de um determinado momento, a lucratividade começa a cair.

E qual é esse momento? A busca pela quantidade ótima de produção na atividade rural, ou seja, aquela que maximiza os lucros de uma propriedade, não é uma tarefa fácil. No entanto, tendo-se a consciência desses conceitos, percebe-se que nem sempre aquele produtor que tem a maior produtividade possível é o que terá o maior lucro! A afirmação também é verdadeira para aquele que obteve o menor custo por hectare da região.

A função econômica da fazenda é obter lucro e o gestor eficiente é aquele que alcança o melhor resultado possível com os recursos disponíveis. O grande dilema quanto à lucratividade é: aumentar alguns custos em busca do incremento de produtividade, reduzi-los ou saber a melhor hora de vender a produção e/ou de comprar os insumos? Notem que o gestor precisa estar atento simultaneamente à todas as questões. Por quê? Vejamos:

- De nada adianta aumentar a produtividade e reduzir os custos, comprando os insumos na hora certa e encontrando o equilíbrio entre a quantidade e a produtividade, se vender a produção na hora errada, com preços baixos;
- Da mesma forma, não basta compreender bem o mercado e vender no momento de melhor preço se os custos foram altos demais e/ou a produtividade baixa.

É tudo uma questão de equilíbrio. A solução mais eficiente para essa equação é possuir uma boa gestão econômico-financeira, pensando, claro, no aumento da produtividade no campo, mas levando em consideração a economia de custos e a obtenção de bons preços na venda da produção. Para conseguir comprar os insumos na hora de menor preço, ou obter descontos, posso ter que antecipar a compra e/ou pagar à vista. Já para vender a produção na hora da alta, devo postergar o momento de venda, visto que, na hora da colheita, há um aumento da oferta de produção e o preço pago pelo mercado tende a ser menor. Para ambas as tarefas, o dinheiro em caixa, ou equivalentes com boa liquidez, são fundamentais. No caso da compra, preciso saber se aquele valor pago adiantado e/ou à vista não comprometerá o orçamento. Já no caso da venda, é necessário saber quanto de dinheiro será suficiente para a manutenção da atividade durante o período em que eu estiver aguardando a melhora dos preços. Ou seja, quanto tempo eu consigo manter o negócio sem precisar vender a minha produção. Para tanto, é fundamental a utilização de algumas ferramentas de gestão, como veremos a seguir.

1.2 O que é gestão econômico-financeira?

É a gestão dos números do dia a dia do negócio rural. É muito simples e todo produtor a faz, de alguma maneira.

Por exemplo, quando se tem um caderninho onde anota-se tudo que entra e sai do caixa, tem-se um fluxo de caixa e está se fazendo a gestão financeira. Se nesse caderninho eu chego ao resultado econômico que o negócio está me trazendo, também tenho uma DRE e consigo fazer a gestão econômica. Ainda, se faço um inventário de todos os meus bens e dívidas em uma dessas páginas, tenho uma espécie de Balanço Patrimonial. Aliando essas três ferramentas a um planejamento de safra (orçamento), tenho uma gestão econômico-financeira completa do meu negócio rural.

Desse caderno, posso evoluir para uma planilha de Excel e dessa planilha para um software mais robusto. Mas todas essas formas são válidas para a gestão dos números gerenciais do negócio. A diferença está, como vimos, no nível de evolução do negócio *versus* a evolução do controle das informações.

Quanto mais aprimorada a gestão dessa informação, menor é o retrabalho que eu tenho. Por exemplo, no caderno, preciso reescrever os dados do meu caixa para elaborar uma DRE. Na planilha de Excel, há maior automação, mas ainda a necessidade de várias planilhas e fórmulas. Já em um software de gestão, com uma única informação, tenho as quatro ferramentas disponíveis.

Portanto, o controle pode ser feito desde anotações em cadernos, a planilhas de Excel e softwares elaborados. O importante é dar o primeiro passo para que se consiga, um passo de cada vez, melhorar a gestão das informações.

Lembrete

Nem sempre vale a pena tentar um apontamento muito detalhado. **O CONTROLE PODE SER SIMPLES, MAS TEM QUE SER EFETIVO**, tem que fornecer dados úteis, confiáveis e aplicáveis no dia a dia.

Dica importante

Por ser uma atividade compatível à pessoa física, é comum haver um "**CAIXA ÚNICO**" dentro da fazenda. Ou seja, as contas bancárias do produtor rural pagam tanto as despesas do negócio quanto as pessoais. No entanto, para uma boa gestão e maior profissionalização, o produtor rural precisa enxergar-se como um empresário que, embora a céu aberto, possui uma empresa e, assim como qualquer outra, não deve pagar despesas particulares dos sócios. É importante estabelecer as formas de remuneração adequadas para cada membro do negócio: salário para quem trabalha, arrendamento para quem é dono de terra e lucro para quem está dentro do negócio, correndo riscos. Com a devida remuneração, o produtor então paga as suas contas pessoais. Assim, não há risco de gastos alheios ao negócio serem incluídos nos demonstrativos gerenciais, distorcendo os resultados. Aportes de dinheiro do produtor no negócio devem ser considerados como empréstimos, da mesma forma que possíveis valores repassados aos sócios além das remunerações estipuladas serão considerados empréstimos ou adiantamentos a serem descontados futuramente. Para facilitar essa separação, a criação de contas bancárias exclusivas para a atividade rural pode ser uma saída interessante.

1.3 Apresentando as principais ferramentas de gestão

1.3.1 Orçamento

O orçamento é o ponto de partida para qualquer controle que o gestor queira ter. É um cálculo estimado de quanto custará para produzir determinada safra e qual o faturamento esperado. Logo, são projeções. O produtor precisa colocar no papel, sem medo de errar, de acordo com o tamanho da área que irá plantar, quais são as despesas e custos necessários para produzir, o que espera desembolsar em cada um deles, qual a produtividade que espera alcançar e o preço que receberá pelo produto. Claro que não existe um orçamento perfeito, principalmente no primeiro ano que se coloca em prática. No entanto, no segundo já se sabe onde ocorreram os maiores erros ou desvios, o que faz com que, no terceiro ano, ele já comece mais aprimorado e assim vai evoluindo sucessivamente. Em um nível maior de aprimoramento, a implementação de orçamentos para os próximos 3 ou 5 anos, e ainda considerando para cada ano cenários "pessimistas", "realistas" e "otimistas", dá subsídios ao produtor para tomadas de decisões de médio e longo prazo mais assertivas, seja quanto a novos investimentos, expansão de áreas e implementação de novas culturas, até a possível entrada de novos sócios, membros da família e/ou investidores.

1.3.2 Fluxo de caixa

Consiste na demonstração das entradas e saídas de dinheiro realizadas e as projetadas. Com essa ferramenta é possível controlar o realizado com o projetado no orçamento até certa data, evitando, por exemplo, que se contraia um financiamento, pagando juros sem necessidade ou a venda de produção em momento de baixa de preço. Também permite a visualização dos melhores e piores momentos para a compra de insumos e venda de produção com base nos dados dos anos anteriores.

1.3.3 Demonstrativo de resultado

É um relatório que compila todas as contas de resultado (receitas, despesas e custos) do negócio, mostrando a situação real da atividade rural, pois nem sempre a sobra de caixa reflete em lucro econômico. Pode ser apurado por cultura/atividade ou geral. Sabendo-se o resultado real é possível planejar a distribuição de lucros, o reinvestimento na atividade e até a manutenção de um fundo de reserva para situações imprevistas. Também possibilita a comparação do negócio em relação aos anos anteriores, entre culturas e com outras atividades e ramos de negócio distintos.

Dica importante

- **Custos e despesas comuns a mais de uma atividade:** para que seja possível identificar o resultado por cultura/atividade, é necessário adotar um critério de **RATEIO PARA AS DESPESAS/ CUSTOS COMUNS**. Por exemplo, o valor das despesas administrativas, aquelas realizadas para manutenção de um escritório que dá suporte à todas as atividades desempenhadas, deve ser dividido de forma justa entre elas. É comum ver rateios, ou seja, essa divisão de custos proporcionalmente às receitas obtidas. Desta forma, aquelas atividades com o maior faturamento absorvem um número maior das despesas comuns. Mas, e se uma atividade desenvolvida tem uma grande margem de lucro por ter reconhecidamente uma alta receita e um baixo custo operacional? Seria justo essa atividade puxar a maior parte dessas despesas comuns? Não haveria uma falha na medição da eficiência? Para evitar essas distorções, o método mais indicado para rateio dessas despesas comuns é a divisão proporcional aos custos variáveis que cada uma das atividades possui. Assim, entende-se que quanto maior o custo de tal cultura, maior é a complexidade e demanda pelos chamados serviços de apoio. Nesse caso, as atividades que tiveram o maior custo, absorvem em sua proporção essas despesas comuns. Quanto mais eu gasto para produzir determinado produto, mais eu utilizo a estrutura comum. No entanto, existem vários métodos de rateio e cada produtor sabe qual é a melhor forma de enxergar o próprio negócio. Lembrando que, optando pelo controle de resultado geral do negócio, não há a necessidade de rateio;

- **Avaliação dos estoques:** para saber o resultado real da safra, ou seja, o ganho econômico que a atividade deu em determinado ciclo produtivo, precisamos considerar os estoques, tanto de produtos que ainda não foram comercializados, quanto de insumos que sobraram para serem aplicados na safra seguinte. Logo, a receita total da safra não é apenas a produção vendida: deve-se auferir o valor em reais da produção que ficou em estoque e acrescentar à receita dos produtos vendidos. Da mesma forma, o estoque de insumos pagos nessa safra, mas que serão utilizados apenas na próxima, devem ser valorados em reais e reduzidos do valor do custo total. Ainda, os insumos que foram comprados parcelados, mas aplicados totalmente nesse ciclo produtivo, também devem ser considerados mesmo que os pagamentos se deem em safras futuras. Parece complicado, mas a lógica é simples:

independente do efetivo pagamento ou recebimento de dinheiro (regime de caixa), o resultado da safra é composto por todo o valor necessário para a produção de determinado produto e o valor que se receberá por ele (regime de competência);

- **Depreciação:** bens como maquinários e equipamentos da atividade rural são utilizados em mais de uma safra. Logo, o que deve ser computado como custo não é o valor total pago pelos bens, nem as parcelas pagas de financiamentos destes e, sim, o desgaste anual com a depreciação ou perda de valor desses bens. **É ESSENCIAL PREVER O CUSTO DE DEPRECIAÇÃO DE MÁQUINAS E EQUIPAMENTOS**, pois se eu não considerar o custo de reposição, o resultado é distorcido. Por exemplo, se eu não computo o desgaste da minha máquina como custo, posso chegar a um resultado muito alto em um ano, em desacordo com a realidade, distribuir valores aos sócios e, no ano seguinte, ter que trocar aquela máquina que já chegou à exaustão da vida útil e não ter dinheiro em caixa;
- **Custo de oportunidade da terra própria:** A TERRA NUA NÃO DEPRECIA, MAS PODE SER APROVEITADA DE FORMA ALTERNATIVA, ou seja, de forma diferente da que eu estou usando atualmente. Em uma análise do resultado econômico de uma fazenda, deve ser considerado o custo de oportunidade, que nada mais é do que o custo das escolhas. Por exemplo, eu tenho a escolha de eu mesmo exercer uma atividade pecuária em minha área própria, ou então arrendar para terceiros plantarem soja. Se eu escolho seguir na pecuária, o valor que eu poderia receber por essa terra se a alternativa escolhida fosse arrendá-la é considerado como custo de oportunidade da minha atividade pecuária.

Mas eu tenho que pagar pelo uso da minha própria terra? Entendendo a atividade rural como um negócio, totalmente desvinculado do indivíduo produtor rural, consegue-se compreender melhor essa questão. Economicamente, todos os fatores de produção devem ser remunerados pelo uso, independente do seu dono, como se o negócio da pecuária remunerasse os proprietários pelo uso da terra.

Agora, olhando para a parte prática, o custo de oportunidade é um bom indicador para avaliar a assertividade das minhas escolhas econômicas. Ou seja, sob o ponto de vista econômico, para uma atividade ser viável ela tem que me dar de retorno, no mínimo, o valor que eu receberia se utilizasse a terra de outra forma. Se o lucro que estou obtendo na atividade é menor do que eu receberia pelo uso alternativo da terra, o gestor tem basicamente quatro caminhos a seguir:

- **Seguir na atividade:** sabendo-se que o resultado não é satisfatório, mas considerando que já se tem aptidão, estrutura, maquinários e até questões sentimentais pela atividade atualmente desempenhada, pode-se procurar por novos métodos, tecnologias, genética, inovações e modelos de gestão que reduzam custo e/ou incrementem receitas, fazendo com que o resultado aumente e que a escolha passe a valer a pena economicamente;
- **Alterar a atividade:** não possuindo, ou não sendo relevantes, as questões sentimentais, estruturais e de aptidão, entre outras, ou ainda, se a evolução dos métodos e técnicas não refletirem em aumento de lucratividade, pode ser considerado alterar a atividade desempenhada naquela área;
- **Buscar parcerias ou alianças estratégicas:** esse ponto se encaixa tanto para seguir na atividade desempenhada como para ingressar em uma nova. Buscar o parceiro ideal pode resolver grandes problemas, trazer melhorias e potencializar a lucratividade, seja através do compartilhamento de riscos e custos, acesso a novas tecnologias, incremento de novas vivências práticas, economia de escala, aumento do poder de barganha para compra de insumos, acesso a novos mercados e até ganhos logísticos. Essas alianças vão além do contrato de parceria rural e podem se estabelecer, de acordo com a atividade desempenhada e necessidades específicas através de, por exemplo, cooperativa de produtores locais, integração vertical, operações de *barter*, associações de produtores e denominação de origem entre outras alianças onde produtores com o mesmo propósito unem-se em prol de fortalecimento e viabilidade dos negócios;
- **Sair da atividade e arrendar a área:** esgotadas as alternativas anteriores, se o retorno ainda for menor do que o que poderia ser recebido em troca de um arrendamento para um terceiro, resta essa opção.

Atenção!

Em atividades econômicas fora do meio rural, costuma-se calcular o custo de oportunidade comparando o resultado da atividade com o rendimento financeiro que se obteria vendendo o negócio e aplicando o dinheiro recebido. Contudo, no meio rural, devido à grande valorização dos imóveis nos últimos anos, esse comparativo perde a validade, visto que além dos resultados da atividade rural, o produtor também pode ter um ganho futuro com a valorização do preço das terras. Logo, o comparativo mais seguro para ser utilizado em uma análise econômica é entre o lucro obtido na atividade e o valor que se pode receber por um arrendamento dessa terra própria.

1.3.4 Balanço Patrimonial

Trata-se da demonstração da origem e da aplicação dos recursos dentro de uma empresa, evidenciando a evolução do patrimônio e o grau de endividamento, tornando possível monitorar o negócio através de indicadores de liquidez, endividamento e rentabilidade. Em outras palavras, é como se colocássemos em uma balança todos os nossos bens e direitos (ativos) contra as nossas dívidas (passivos). O saldo, ou o contrapeso dessa balança, evidencia o patrimônio, que comparado aos anos anteriores, mostra a evolução patrimonial positiva ou negativa do negócio rural.

1.4 Utilizando as ferramentas de gestão

Vamos para a parte prática? As ferramentas apresentadas conectam-se entre si. O orçamento planeja as entradas, saídas e resultado esperado, o fluxo de caixa acompanha o planejamento financeiro, a DRE constata o resultado econômico e o Balanço Patrimonial o crescimento ou diminuição do patrimônio investido na atividade rural.

Vamos pensar em um produtor de arroz do Rio Grande do Sul que nunca fez um orçamento e quer dar o primeiro passo. Ele não tem uma base sólida de custos estimados e/ou produtividade média da terra, pois não acompanhava com profundidade os números do negócio. Tudo estava registrado apenas em sua cabeça. Como ele pode iniciar esse planejamento? Se os valores gastos na última safra estão frescos na memória, pode-se colocar no papel o valor aproximado por cada tipo de desembolso e a valorização esperada para a safra que está sendo planejada.

Se ainda há dificuldade quanto a valores ou até os tipos de custos envolvidos, outro caminho para facilitar a tarefa são os relatórios oficiais fornecidos pelas secretarias de agricultura dos estados, entidades de pesquisa ou estudos elaborados por empresas privadas. Tendo essa base de informações, basta adaptar alguns pontos para a realidade do seu negócio.

Para esse exemplo prático, simularemos um planejamento de safra detalhado para apenas uma cultura, por praticidade na visualização dos números, os quais serão meramente ilustrativos. O fluxo de caixa e a DRE acompanharão os números do orçamento para ficar mais perceptível a ligação existente entre eles. Por fim, acrescentaremos mais alguns elementos e chegaremos ao Balanço Patrimonial, seguido dos indicadores úteis para a gestão, tudo contextualizado dentro do mesmo exemplo do produtor gaúcho de arroz.

Ressalto que os modelos de ferramentas apresentados são práticos e simplificados, adaptados para a realidade do produtor rural pessoa física, podendo não obedecer à risca alguns critérios técnicos-contábeis em favor de sua melhor aplicabilidade no dia a dia.

1.4.1 Confeccionando o orçamento

Primeiro ponto: qual é a área que plantarei arroz nessa safra?

Ainda: qual a produtividade média por hectare dessa área ou da região em que está situada a minha lavoura?

Outro item relevante: analisando o mercado, a sazonalidade dos preços e a possibilidade de firmar contratos futuros de venda, qual é o preço **MÉDIO** que eu espero receber por saca de arroz produzida na safra?

Tendo essas respostas, elenca-se os custos e tem-se o orçamento para a safra.

Quadro 1.1 Orçamento para a safra X1/X2

	Quantidade
Produtividade estimada em sacas (50Kg) por hectare	125
Área plantada estimada (hectares)	200
Preço médio estimado pela saca de arroz (R$)	80,00

	Valor por hectare (R$)	Valor total da área (R$)
DESPESAS DE CUSTEIO		
Operação com avião	200,00	40.000,00
Tratores e colheitadeiras	600,00	120.000,00
Conjunto de irrigação	420,00	84.000,00
Aluguel de máquinas	200,00	40.000,00
Mão de obra	420,00	84.000,00
Administrador	300,00	60.000,00

(continua)

(continuação)

	Valor por hectare (R$)	Valor total da área (R$)
DESPESAS DE CUSTEIO		
Sementes e mudas	300,00	60.000,00
Fertilizantes	1.000,00	200.000,00
Defensivos	800,00	160.000,00
Demais despesas	240,00	48.000,00
Manutenção de benfeitorias e instalações	60,00	12.000,00
Encargos sociais	420,00	84.000,00
Seguro do capital	60,00	12.000,00
TOTAL DESPESAS DE CUSTEIO (A)	5.020,00	1.004.000,00
DESPESAS OPERACIONAIS		
Transporte	300,00	60.000,00
Despesas administrativas	420,00	84.000,00
Despesas de armazenagem	300,00	60.000,00
Seguro da produção	150,00	30.000,00
Assistência técnica	120,00	24.000,00
Impostos e taxas	180,00	36.000,00
FUNRURAL	150,00	30.000,00
TOTAL DESPESAS OPERACIONAIS (B)	1.620,00	324.000,00
DESPESAS FINANCEIRAS		
Juros de financiamento	360,00	72.000,00
TOTAL DESPESAS FINANCEIRAS (C)	360,00	72.000,00
TOTAL DO DESEMBOLSO (A+B+C=D)	7.000,00	1.400.000,00
RECEITAS		
Venda de Arroz	10.000,00	2.000.000,00
TOTAL DAS RECEITAS (E)	10.000,00	2.000.000,00
LUCRO TOTAL ESTIMADO PARA A SAFRA (E-D=F)	3.000,00	600.000,00

Também é possível efetuar uma análise vertical do orçamento, ou seja, dividindo o valor orçado para cada item pelo valor total do desembolso e multiplicando por 100, tem-se o percentual que cada um representa do total de gastos estimado. Sabendo quais são as rubricas mais representativas sobre o total a ser desembolsado, pode-se analisar em qual delas é possível reduzir custo e atacar prioritariamente aquelas que tem maior representatividade no todo. Vejamos no exemplo abaixo:

Quadro 1.2 Análise vertical do orçamento

	R$ por total da área	Representatividade
DESPESAS DE CUSTEIO		
Operação com avião	200,00	2,86%
Tratores e colheitadeiras	600,00	8,57%
Conjunto de irrigação	420,00	6,00%
Aluguel de máquinas	200,00	2,86%
Mão de obra	420,00	6,00%
Administrador	300,00	4,29%
Sementes e mudas	300,00	4,29%
Fertilizantes	1.000,00	14,29%
Defensivos	800,00	11,43%
Demais despesas	240,00	3,43%
Manutenção de benfeitorias e instalações	60,00	0,86%
Encargos sociais	420,00	6,00%
Seguro do capital	60,00	0,86%
TOTAL DE DESPESAS DE CUSTEIO (A)	**1.004.000,00**	**71,71%**
DESPESAS OPERACIONAIS		
Transporte	60.000,00	4,29%
Despesas administrativas	84.000,00	6,00%
Despesas de armazenagem	60.000,00	4,29%
Seguro da produção	30.000,00	2,14%

(continua)

(continuação)

	R$ por total da área	Representatividade
DESPESAS OPERACIONAIS		
Assistência técnica	24.000,00	1,71%
Impostos e taxas	36.000,00	2,57%
FUNRURAL	30.000,00	2,14%
TOTAL DE DESPESAS OPERACIONAIS (B)	324.000,00	23,14%
DESPESAS FINANCEIRAS		
Juros de financiamento	72.000,00	5,14%
TOTAL DE DESPESAS FINANCEIRAS (C)	72.000,00	5,14%
TOTAL DO DESEMBOLSO (A+B+C=D)	1.400.000,00	100,00%

1.4.2 Do orçamento ao fluxo de caixa

Agora, com o orçamento em mãos, esses mesmos números planejados darão origem ao meu fluxo de caixa projetado. Elaboramos o orçamento com valores totais, mas o produtor sabe o momento em que cada gasto será efetivamente realizado de acordo com a cultura e a região do país. Para um acompanhamento mais preciso, no fluxo de caixa projetado ou orçado, esses gastos serão divididos de acordo com os meses em que incorrerão e não apenas divididos por 12 meses do ano safra. Ainda, deverão ser acrescentados aqueles valores a pagar e a receber que já existiam antes da confecção do orçamento, como, por exemplo, vendas de produção, parcelas e juros de financiamentos de safras anteriores. Com o decorrer do período, os números efetivamente realizados são acrescentados à ferramenta como efeito comparativo.

Vejamos uma análise do fluxo de caixa "projetado × realizado" desse produtor no início do mês 2 da safra planejada:

Quadro 1.3 Fluxo de caixa projetado × realizado

SALDO INICIAL (R$)	Mês 1		Mês 2...	
100.000,00	PROJETADO (R$)	REALIZADO (R$)	PROJETADO (R$)	REALIZADO (R$)
TOTAL SAÍDAS	367.500,00	370.100,00	67.500,00	–
Aviação	20.000,00	17.200,00	–	–
Tratores e colheitadeiras	10.000,00	15.400,00	10.000,00	–

(continua)

(continuação)

Irrigação	7.000,00	4.300,00	7.000,00	-
Aluguel de máquinas	20.000,00	-	-	-
Mão de obra	7.000,00	7.000,00	7.000,00	-
Administrador	5.000,00	5.000,00	5.000,00	-
Sementes	60.000,00	80.000,00	-	-
Fertilizantes	200.000,00	200.000,00	-	-
Defensivos	-	-	-	-
Demais despesas	4.000,00	5.000,00	4.000,00	-
Manutenção	1.000,00	1.200,00	1.000,00	-
Encargos sociais	7.000,00	7.000,00	7.000,00	-
Seguro capital	1.000,00	1.000,00	1.000,00	-
Transporte	5.000,00	7.000,00	5.000,00	-
Despesas administrativas	7.000,00	8.000,00	7.000,00	-
Armazenagem	-	-	-	-
Seguro da produção	2.500,00	2.500,00	2.500,00	-
Assistência téc.	2.000,00	2.000,00	2.000,00	-
Impostos/taxas	3.000,00	1.500,00	3.000,00	-
FUNRURAL	-	-	-	-
Juros de financiamento	6.000,00	6.000,00	6.000,00	-
TOTAL DE ENTRADAS	500.000,00	350.000,00	-	-
Venda de arroz	-	-	-	-
Financiamento bancário	500.000,00	350.000,00	-	-
VARIAÇÃO DE CAIXA	132.500,00	20.100,00	67.500,00	-
SALDO ACUMULADO	232.500,00	79.900,00	165.000,00	79.900,00

1.4.3 Finalizando a safra com a DRE

Ao final da safra, é elaborada a DRE com os resultados realizados para constatar qual foi o lucro ou o prejuízo econômico da atividade. Para fins de acompanhamento, também pode ser criada, em qualquer tempo, uma DRE projetada, que nada mais é do que uma estimativa de resultado. Atenção para os custos implícitos, aqueles que não são efetivamente desembolsados, mas que, como veremos, podem alterar bastante a percepção de um resultado econômico: a depreciação e o custo de oportunidade da terra.

Quadro 1.4 DRE da safra

Receita operacional bruta (arroz)	R$ 2.000.000,00
(-) Deduções da receita (FUNRURAL)	R$ 30.000,00
(=) RECEITA OPERACIONAL LÍQUIDA	R$ 1.970.000,00
(-) Despesas de custeio da atividade	R$ 1.004.000,00
(=) RESULTADO OPERACIONAL BRUTO	R$ 966.000,00
(-) Despesas operacionais (administrativas)	R$ 324.000,00
(-) Despesas financeiras (juros de financiamentos)	R$ 72.000,00
(-) Imposto de renda pessoa física	R$ 120.000,00
(=) RESULTADO LÍQUIDO OPERACIONAL	R$ 450.000,00
(+) Receitas não operacionais	R$ 100.000,00
(-) Despesas não operacionais	R$ 50.000,00
(=) RESULTADO LÍQUIDO ANTES DOS CUSTOS IMPLÍCITOS	R$ 500.000,00
(-) Total das depreciações	R$ 300.000,00
(=) RESULTADO LÍQUIDO TOTAL DO ARROZ	R$ 200.000,00
(-) Custo de oportunidade da terra (arrendamento para soja)	R$ 200.000,00
(=) RESULTADO INCREMENTAL DO ARROZ SOBRE O ARRENDAMENTO	R$ –

Notem que o resultado apurado antes dos custos implícitos foi de R$ 500.000,00, o que representaria uma margem de lucro de 25% sobre as vendas totais de arroz. Como já abordado, a depreciação precisa ser computada, pois é o custo do desgaste dos bens. Se o produtor não considera esse desgaste no resultado, pode aplicar ou distribuir esse total e ter uma surpresa lá na frente com o alto custo de reposição. Por isso, o resultado econômico dessa safra de arroz é o que considera o custo real da depreciação de máquinas, equipamentos e benfeitorias, que foi de R$ 200.000,00.

E o custo de oportunidade? Veja como também é relevante para a análise econômica! Nesse exemplo, o resultado da lavoura de arroz foi exatamente igual ao que o produtor conseguiria se tivesse arrendado sua área própria para terceiros cultivarem soja. Logo, o resultado incremental da escolha de plantar arroz ao invés de arrendar para terceiros é zero. Ou seja, o produtor receberia o mesmo valor se simplesmente cedesse suas terras para outro produzir.

E o que fazer nesse caso? Revisar o orçamento e identificar onde é possível reduzir custos ou aumentar receitas para que, na próxima safra, seja possível superar o retorno que se teria com o arrendamento para a soja dentro da própria cultura do arroz, onde já se tem maquinário, pessoal e aptidão. Logo, nesse caso, a utilização do conceito do custo de oportunidade nos mostrou que é possível melhorar o que já se tem e não necessariamente que a escolha certa seja arrendar as suas áreas para terceiros e sair da atividade.

1.4.4 Levantando o Balanço Patrimonial

De uma forma muito simplificada, a qualquer momento pode-se levantar o Balanço Patrimonial do negócio rural a fim de ver a fotografia atual do empreendimento. Para isto, basta elencar o dinheiro que se tem em caixa, bancos, aplicações financeiras de curto e longo prazo, bens da atividade, estoques, valor de mercado das terras, valores a receber a curto e longo prazo e aquelas dívidas de curto e longo prazo. A separação entre curto e longo prazo é fundamental para a análise do negócio com a ajuda de alguns indicadores que veremos em seguida. Para tanto, deve-se saber que quando se fala de "curto prazo" refere-se àqueles diretos (valores a receber) ou obrigações (dívidas) com vencimento nos próximos 365 dias a partir da data do levantamento do balanço. Já de "longo prazo", entende-se aqueles direitos e obrigações com prazo superior aos 365 dias.

Abaixo, um exemplo de Balanço Patrimonial apurado após a finalização da safra:

Quadro 1.5 Balanço Patrimonial apurado após a finalização da safra

Ativo circulante	R$	1.000.000,00
Caixa	R$	100.000,00
Bancos	R$	200.000,00
Aplicações financeiras de curto prazo	R$	200.000,00
Valores a receber de clientes a curto prazo	R$	100.000,00
Estoque de produção	R$	300.000,00
Estoque de químicos	R$	100.000,00
Ativo não circulante	R$	5.200.000,00
Imobilizado	R$	5.200.000,00
Terra nua (valor de mercado)	R$	4.000.000,00
Benfeitorias	R$	500.000,00
Máquinas e equipamentos	R$	1.000.000,00
(-) depreciação acumulada	R$	300.000,00
Valores a receber de clientes a longo prazo	R$	-
TOTAL DO ATIVO	R$	6.200.000,00

Passivo circulante	R$	500.000,00
Dívidas de curto prazo	R$	500.000,00
Passivo não circulante	R$	1.000.000,00
Dívidas de longo prazo	R$	1.000.000,00
Patrimônio líquido	R$	4.700.000,00
Lucro da safra	R$	200.000,00
Capital investido	R$	3.500.000,00
TOTAL DO PASSIVO	R$	6.200.000,00

1.5 Indicadores úteis à gestão

1.5.1 Índices de liquidez

Mostram a capacidade de honrar os compromissos.
Exemplos:

Quadro 1.6 Liquidez corrente

Ativo circulante	1.000.000,00	2,00
(/) Passivo circulante	500.000,00	

Para que serve o índice? Avaliar a capacidade de pagamento de dívidas de curto prazo.

O que o índice nos diz? Que a cada R$ 1,00 de dívida de curto prazo, há R$ 2,00 em ativo circulante para saldá-la.

Quadro 1.7 Liquidez seca

Ativo circulante – estoque de produção – estoque de químicos – estoque para lavoura em formação – cabeças de gado para venda	600.000,00	1,20
(/) Passivo circulante	500.000,00	

Para que serve o índice? Analisa a capacidade, de forma mais conservadora, desconsiderando o valor do estoque e equivalentes, eliminando o risco dado pela incerteza material e temporal da realização (venda) desses ativos.

O que o índice nos diz? Que a cada R$ 1,00 de dívida de curto prazo, há R$ 1,20 disponíveis para saldá-la sem a necessidade de venda de mercadorias e/ou insumos em estoque.

Quadro 1.8 Liquidez imediata

Caixa + bancos + aplicações de curto prazo	400.000,00	0,80
(/) Passivo circulante	500.000,00	

Para que serve o índice? Mostrar a capacidade de honrar compromissos imediatamente.

O que o índice nos diz? Que a cada R$ 1,00 de dívida de curto prazo, existem apenas R$ 0,80 disponíveis em caixa para saldá-la. Logo, apenas com o valor disponível em caixa e banco, sem o recebimento dos valores de clientes, ou venda de estoques dentro do ano, não seria possível quitar as dívidas.

Quadro 1.9 Liquidez geral

Ativo circulante + ativo não circulante – ativo imobilizado	1.000.000,00	0,67
(/) Passivo circulante + passivo não circulante	1.500.000,00	

Para que serve o índice? Mostrar a capacidade de honrar compromissos de longo prazo.

O que o índice nos diz? Que a cada R$ 1,00 de dívida total, há apenas R$ 0,67 disponíveis em caixa e equivalentes, como estoques e valores a receber, tanto em curto quanto em longo prazo, para saldá-la.

Porque pode ser importante: é o indicador que traz uma perspectiva futura. Nesse exemplo apresentado, o negócio poderia até estar indo bem no momento, mas analisando a longo prazo, percebe-se que há mais dívidas do que dinheiro e valores a receber. Ou seja, hoje o produtor não conseguiria arcar com todos os compromissos sem ter que diminuir o seu patrimônio vendendo parte dos imóveis.

1.5.2 Índices de endividamento

Evidenciam a relação entre o capital próprio e o capital de terceiros. Teoricamente, é desejável o menor percentual de endividamento possível. Entretanto, como no agronegócio utilizam-se muitos recursos de terceiros, o índice deve ser monitorado e interpretado em conjunto com outras informações e levar em consideração as estratégias da empresa. Já quanto ao grau de imobilização, o caso é similar, visto que, devido à grande valorização das terras nos últimos anos, é inerente à atividade que grande parcela do negócio esteja imobilizada através da aquisição de terras.

Exemplos:

Quadro 1.10 Participação de capital de terceiros

Passivo circulante + passivo não circulante	1.500.000,00	31,91%
(/) Patrimônio líquido	4.700.000,00	

Para que serve o índice? Demonstrar quanto o capital de terceiros representa sobre o total de recursos investidos no negócio.

O que o índice nos diz? Que em cada investimento/despesa/custo desembolsado, cerca de 68,09% é feito com recurso próprio e 31,91% através de financiamento.

Quadro 1.11 Composição de endividamento

Passivo circulante	500.000,00	33,33%
(/) Passivo circulante + passivo não circulante	1.500.000,00	

Para que serve o índice? Verificar se há folga no fluxo de caixa ou se o negócio está operando no limite. Quanto maior o percentual, mais apertado está o fluxo de caixa.

O que o índice nos diz? Que 33,33% das dívidas são de curto prazo e 66,67% são de longo prazo. Logo, a maior parte das dívidas é de longo prazo, começando a vencer apenas após 365 dias.

Quadro 1.12 Grau de imobilização

Ativo imobilizado	5.200.000,00	111%
(/) Patrimônio líquido	4.700.000,00	

Para que serve o índice? Mostrar o percentual do patrimônio da empresa investido em ativo imobilizado.

O que o índice nos diz? Que mais de 100% do capital próprio do produtor foi investido em bens necessários para o desenvolvimento da atividade. Isso pode ser normal para um produtor que possui terras próprias devido à grande e constante valorização desses imóveis, como já mencionado, ou bens como máquinas e implementos de grande valor financiados, ou seja, adquiridos através de capital de terceiros.

1.5.3 Índices de rentabilidade

Representam a margem de lucro sobre as vendas. Naturalmente, quanto maior o índice de rentabilidade, melhor para o negócio.

Exemplos:

Quadro 1.13 Margem líquida

Resultado líquido total	200.000,00	10,15%
(/) Receita operacional líquida	1.970.000,00	

Para que serve o índice? Para demonstrar a rentabilidade líquida total do negócio.

O que o índice nos diz? Que o lucro líquido obtido representa 10,15% do valor das vendas líquidas de produção.

Quadro 1.14 Margem operacional

Resultado líquido operacional	450.000,00	22,84%
(/) Receita operacional líquida	1.970.000,00	

Para que serve o índice? Para demonstrar a margem de lucro da operação rural.

O que o índice nos diz? Que o lucro líquido obtido com a produção rural, sem considerar os resultados não operacionais, como os de uma possível venda de fazenda, representa 22,84% do valor das vendas líquidas.

Quadro 1.15 Rentabilidade do patrimônio líquido

Resultado líquido total	200.000,00	4,26%
(/) Patrimônio líquido	4.700.000,00	

Para que serve o índice? Para demonstrar o crescimento anual do negócio.

O que o índice nos diz? Que houve um crescimento do valor do patrimônio de 4,26% no último ano.

1.6 Por que preciso ter uma gestão econômico-financeira?

Além de saber se a minha atividade está dando retorno positivo e se estou aumentando o meu patrimônio, uma gestão eficaz pode trazer reflexos muito importantes para a profissionalização, harmonia familiar e longevidade do negócio. Vejamos agora sete benefícios da gestão econômico-financeira:

- **Maior transparência com os membros/sócios que estão fora da fazenda:** quem está no dia a dia do negócio sabe que a entrada de recursos, seja da venda de produtos ou de financiamentos não representa, necessariamente, saúde financeira e sobra de dinheiro. Utilizando as ferramentas gerenciais todos ficam a par da real situação, evitando conflitos de interesse e atritos desnecessários;
- **Maior facilidade para a inclusão das novas gerações:** com os números em mãos, posso apresentá-los em momentos específicos, como por exemplo, em um fórum familiar anual com a presença de todos os membros – aqueles que trabalham, os que são apenas sócios e as novas gerações que precisam tomar conhecimento do que acontece para entrarem futuramente mais preparados;
- **Diminuição de conflito de interesses:** a atividade rural, geralmente, exige investimentos altos em maquinário, insumos e manutenção. Quem trabalha no negócio compreende melhor a necessidade de reinvestimento. Já quem está fora, tende a ver essa movimentação financeira alta como significado de sobra de caixa e, logo, preferir a distribuição dos lucros ao investimento necessário. Sabendo o resultado real do negócio, as chances desse conflito entre reinvestimento e distribuição diminuem consideravelmente;
- **Mais fácil mensuração da capacidade técnica dos gestores, sejam membros da família ou terceirizados:** através de indicadores é possível avaliar o resultado que o gestor está trazendo para o empreendimento,

como a capacidade de negociação com fornecedores, vendas na hora certa analisando corretamente o fluxo de caixa dos anos anteriores e percebendo as tendências de mercado, além do monitoramento dos índices de aumento do patrimônio ao longo dos anos;

- **Comparação entre atividades:** com o controle segregado por atividade econômica, é possível visualizar se uma está dando mais resultado do que outra e avaliar a continuidade ou não, além de conseguir medir a eficiência de diferentes gestores em cada cultura;
- **Estipulação de metas e bônus para gestores e colaboradores:** com base nos indicadores apurados na DRE e no Balanço Patrimonial, é possível estipular metas para o ano seguinte e prever bônus de produtividade quando atingidas e/ou ultrapassadas essas metas, o que é um importante mecanismo para o aumento do resultado total do negócio;
- **Estipular percentuais do lucro apurado para reinvestimento no negócio, distribuição de lucros e fundo de reserva:** eficiente mecanismo de governança que também mitiga o risco de conflito de interesses e prepara o negócio para vencer momentos imprevistos, como uma frustração de safra ou até problemas de saúde na família, desde que regrado adequadamente no protocolo familiar e/ou acordo de sócios.

Parte III

Gestão Tributária para Produtores Rurais

Quando se fala em gestão tributária, geralmente se pensa em uma alta carga de impostos e um sistema tributário complexo, com siglas e obrigações acessórias exaustivas como o Livro Caixa Digital do Produtor Rural (LCDPR). Logo, o empresário rural tende a deixar que alguém especializado conduza essa parte para que ele não perca tempo com algo tão confuso.

Porém, com algum interesse pelo assunto, essa perda se transforma em investimento e somente com o envolvimento do gestor é possível atingir uma gestão tributária eficaz.

2.1 IRPF

2.1.1 O que é o imposto de renda?

Todas as pessoas físicas que e quando auferem, ou seja, recebem renda, estão sujeitas ao imposto de renda. Mensalmente, esses rendimentos são levados à uma tabela progressiva mensal de alíquotas que variam entre 0 e 27,5% de acordo com os valores. Na declaração de ajuste anual de imposto de renda, transmitida desde 1996 até o último dia útil do mês de abril, são informados todos os rendimentos obtidos no ano anterior, os impostos pagos antecipadamente, as deduções permitidas pela legislação do imposto de renda, o resultado da atividade rural e então há o ajuste de contas: se o contribuinte pagou durante o ano mais imposto do que o devido, recebe uma restituição. Se o valor devido é maior do que o imposto pago durante o ano, paga-se a diferença.

2.1.2 Principais mudança nos últimos anos

As principais mudanças nas últimas declarações de imposto de renda foram a obrigatoriedade da informação de CPF para qualquer tipo de dependente, independente da idade, o fim da dedução dos valores gastos com o INSS de empregados domésticos e a obrigatoriedade do LCDPR, o qual abordaremos mais à frente.

No entanto, outro fato novo chamou a atenção: os adiamentos do prazo de entrega e, consequentemente, do pagamento do imposto devido à pandemia mundial da COVID-19. Adiamentos são até comuns na história do imposto de renda no Brasil. A primeira vez que isso ocorreu foi, curiosamente, em 1924, exatamente no primeiro ano da obrigação tributária nos moldes de hoje. No entanto, desde que a data final para entrega foi fixada em 30 de abril, no ano de 1996, não havia mais registro de postergação do prazo. Contudo, o prazo foi adiado por normativa da própria Receita Federal para 30 de junho de 2021 no ano de 2020 e 31 de maio de 2021 em 2021. Ainda, no ano de 2021, houve uma grande incerteza acerca do prazo de entrega, visto que havia, paralelamente ao adiamento concedido pelo próprio órgão, um projeto de lei do Senado Federal alterando o prazo, exclusivamente para o ano de 2021, para o dia 31 de julho de 2021. O imbróglio se estendeu até o último dia para sanção presidencial do projeto, em 05 de maio de 2021, quando houve a recomendação do Ministério da Economia para o veto. No Diário Oficial do dia seguinte, 06 de maio de 2021, foi publicado o veto integral do projeto pelo Presidente da República, mantendo-se o prazo de 31 de maio. A justificativa foi a de que uma nova postergação, de acordo com a equipe econômica, poderia afetar o fluxo de caixa do governo, prejudicando a arrecadação da União, dos estados e dos municípios além de comprometer o pagamento de importantes programas sociais para o enfrentamento do efeito da pandemia.

2.1.3 Quem precisa declarar?

Está obrigado à transmissão da declaração de imposto de renda quem:
- Obteve rendimentos tributáveis a partir de **R$ 28.559,70**;
- Obteve rendimentos isentos, não tributáveis ou tributados exclusivamente na fonte (por exemplo, indenizações trabalhistas, caderneta de poupança ou doações) em valor superior a **R$ 40 mil**;

- Efetuou a **venda de imóveis**, sendo essa tributada sobre o **ganho de capital** ou amparada por algum benefício tributário previsto na legislação;
- Realizou operações em bolsas de valores, de mercadorias, de futuros e assemelhadas (investimentos);
- Obteve receita bruta em valor superior a **R$ 142.798,50 na atividade rural**;
- Tinha, no último dia do ano, a posse ou a propriedade de bens ou direitos, inclusive terra nua, de valor total superior a **R$ 300 mil**;
- Passou à condição de residente no Brasil em qualquer mês e, nessa condição, encontrava-se no último dia do ano.

2.1.4 Como é calculado o imposto de renda da atividade rural?

O resultado da atividade rural é calculado a parte dos demais rendimentos. Escritura-se no livro caixa todas as receitas oriundas da atividade, despesas essenciais para a percepção desses rendimentos e investimentos utilizados para expansão dos negócios rurais, em regra geral, utilizando a data do efetivo recebimento/pagamento, mas existem exceções ao chamado "regime de caixa".

Elencando todas as receitas, diminuindo as despesas dedutíveis e os investimentos, tem-se o resultado da atividade rural. À escolha do contribuinte, poderá optar-se pela tributação sobre o resultado presumido de 20% da receita bruta.

Por fim, soma-se a opção mais vantajosa (resultado ou 20% da receita bruta) aos demais rendimentos auferidos, aplica-se as deduções legais ou desconto simplificado para após submeter essa base de cálculo à tabela progressiva anual que vai de 0 a 27,5%, hoje disposta assim:

Quadro 2.1 Tabela progressiva anual do IRPF

Base de cálculo (R$)	Alíquota (%)	Parcela a deduzir do IRPF (R$)
Até 22.847,76	–	–
De 22.847,77 até 33.919,80	7,5	1.713,58
De 33.919,81 até 45.012,60	15	4.257,57
De 45.012,61 até 55.976,16	22,5	7.633,51
Acima de 55.976,16	27,5	10.432,32

Por haver a opção de tributação sobre o resultado presumido, limitado a 20% da receita bruta, podemos dizer que o imposto de renda máximo da atividade rural é de 27,5% sobre o resultado, ou seja, sobre o lucro efetivo da atividade, ou 5,5% sobre a receita bruta.

2.1.5 Exemplo prático

2.1.5.1 Itens do cálculo do IRPF

Quadro 2.2 Itens do cálculo do IRPF

Rendimentos tributáveis (salário, aposentadoria etc.)
(+) Arrendamento
(+) Aluguéis de imóveis
(+) Resultado tributável da atividade rural (20% ou resultado)
(=) Total dos rendimentos tributáveis
(-) Desconto simplificado ou desconto completo (deduções legais)
(=) Base de cálculo do imposto
(x) Alíquota do imposto de renda (tabela progressiva vigente)
(=) Imposto devido
(-) Parcela a deduzir (tabela progressiva vigente)
(-) Imposto retido
(=) Imposto a pagar

Os rendimentos da atividade rural são apenas uma parte da declaração. São calculados em separado, no anexo rural do programa gerador do IRPF e o resultado tributável pode ser obtido pelo cálculo (receitas – despesas) ou do arbitramento (20% da receita):

2.1.5.2 Apuração por resultado

Quadro 2.3 Apuração por resultado

Receita bruta	R$ 1.000.000,00
(-) Despesas de custeio	R$ 600.000,00
(-) Investimentos	R$ 100.000,00
(=) Resultado da atividade rural	R$ 300.000,00

Quadro 2.4 Apuração por resultado presumido

Receita bruta	R$ 1.000.000,00
(x) Percentual de presunção	20%
(=) Resultado presumido	R$ 200.000,00

Nesse caso, como o resultado presumido é menor, é esse o valor que o produtor deve acrescentar aos demais rendimentos e levar à tributação:

Quadro 2.5 Cálculo completo do IRPF

Rendimentos tributáveis (salário, aposentadoria, etc.)	R$ 32.000,00
(+) Arrendamento	R$ -
(+) Aluguéis de imóveis	R$ -
(+) Resultado tributável da atividade rural (20% ou resultado)	R$ 200.000,00
(=) Total dos rendimentos tributáveis	R$ 232.000,00
(-) Desconto simplificado ou desconto completo (deduções legais)	R$ 16.754,34
(=) Base de cálculo do imposto	R$ 215.245,66
(x) Alíquota do imposto de renda (tabela progressiva vigente)	27,50%
(=) Imposto devido	R$ 59.192,56

(continua)

(continuação)

(-) Parcela a deduzir (tabela progressiva vigente)	R$	10.432,32
(-) Imposto retido	R$	–
(=) Imposto a pagar	R$	48.760,24

2.1.6 Principais dúvidas sobre o imposto de renda da atividade rural

- **Disponibilidade fiscal:** na declaração de imposto de renda são informadas todas as origens e aplicações de recursos, logo, para toda despesa ou aquisição de bens (aplicação), deve haver um rendimento isento, tributável ou um empréstimo que suporte (origem). Uma disponibilidade fiscal negativa ocorre quando há um aumento de patrimônio sem origem fiscal e é o maior indicador de erros e/ou omissão de dados;

- **Recebimento de adiantamento por produção não entregue:** nos casos em que há recebimentos de valores em um ano, mas que os produtos só serão efetivamente entregues em anos seguintes, caracteriza-se como adiantamento de clientes. Esses adiantamentos serão levados à tributação somente no ano em que o produtor entregar os produtos. No ano do recebimento do dinheiro, deve-se informar o valor recebido a título de adiantamento no campo "adiantamentos por conta de venda para entrega futura", no anexo rural da declaração de imposto de renda e, automaticamente, o sistema adiciona tais valores aos "rendimentos isentos", dando a devida origem fiscal para o dinheiro recebido;

- **Pagamento adiantado de insumos:** esse tema é bastante controverso. A legislação de fato não é clara, dando margem a outras interpretações, mas os materiais oficiais da Receita Federal (perguntas e respostas do IRPF e LCDPR versão 1) que têm força de norma complementar, trazem o entendimento de que, embora o resultado da atividade rural seja apurado por regime de caixa, no caso de pagamento antecipado de um insumo para recebimento futuro, a despesa só será considerada no momento em que o insumo for de fato recebido. Assim, mesmo que o fornecedor tenha sido pago em 2022, se eu vou receber o produto apenas em 2023, só poderei utilizar como despesa em 2023 consequentemente, só aproveitarei essa despesa na declaração de imposto de renda que será entregue em 2024. Esse tratamento também vale para a compra de gado e demais bens da atividade rural;

- **Consórcios:** para consórcios vale a mesma regra acima – os pagamentos só serão computados como despesas no momento em que houver o recebimento do bem. Desta forma, quando contemplado o consórcio,

tudo que foi pago anteriormente é aproveitado como despesa da atividade rural no ano do recebimento desse bem e as parcelas futuras, caso existam, serão computadas como despesa no momento do pagamento de cada parcela;
- **Bens da atividade rural adquiridos através de financiamento bancário:** os investimentos com bens da atividade rural, como máquinas e implementos, adquiridos com financiamento bancário, entram como despesa da atividade rural no ano em que o bem foi recebido e pela totalidade do valor do bem. Na prática, é como se a instituição financeira emprestasse o dinheiro ao produtor rural e esse então fizesse a compra à vista. Em contrapartida, a cada pagamento de parcela, apenas os juros pagos entram como despesa da atividade rural, tendo em vista que o valor total do bem já foi aproveitado como despesa no ano do recebimento do mesmo;
- **Compra de terras:** embora a compra de terra nua seja considerada para o negócio um investimento que contribui com a expansão das atividades, para fins de imposto de renda essa compra é considerada um investimento imobiliário, não sendo dedutível. Caso existam benfeitorias sobre essa terra nua, o valor gasto pode ser computado como despesa da atividade rural;
- **Pagamento em produto:** se eu comprei uma fazenda e entreguei produtos em troca do serviço de armazenagem, ou efetuei qualquer outro pagamento em produto, devo levar à tributação a entrega da produção como receita da atividade rural pela cotação do dia em que houve a entrega. É como se o produtor vendesse sua produção para então ter origem de recursos e efetuar a compra;
- **Operações com *barter*:** da mesma forma, nas operações com *barter*, em que há a aquisição de insumos para a atividade rural cujo pagamento se dará com a produção futura, a entrega do produto como pagamento deve ser levada à tributação como receita da atividade rural. Outro ponto importante é que a despesa com insumos só é aproveitada no momento em que houve a entrega do produto dado em pagamento;
- **Arrendamentos:** o pagamento de arrendamento, seja em dinheiro ou produtos, é dedutível como despesa, visto que é um desembolso essencial para a manutenção da atividade rural. No entanto, o recebimento de arrendamento não é considerado receita, devendo ser levado à tributação direta na tabela de alíquotas progressivas do imposto de renda e sujeitando-se à retenção de imposto no momento do recebimento;

- **Comodato:** o comodato, ou empréstimo de um imóvel sem recebimento de valores, é um rendimento tributável na declaração do proprietário sobre 10% do valor de mercado do imóvel (art. 41, §1º, RIR/18), mas há a previsão de isenção quando se dá entre parentes de primeiro grau – pais e filhos e/ou cônjuges (art. 35, VII, "b", RIR/18). Portanto, se um contrato de comodato for firmado com terceiros, haverá a incidência de imposto de renda mesmo não havendo o recebimento de dinheiro;
- **Retenção de FUNRURAL:** nos casos em que o produtor rural opta pelo recolhimento do FUNRURAL sobre o faturamento e há a retenção por parte do comprador, o valor a ser informado como receita da atividade rural deve ser o valor bruto da nota fiscal e o valor do FUNRURAL retido deve ser informado como despesa. Como há um lançamento de receita e outro de despesa, pode parecer aceitável lançar o valor líquido recebido. Entretanto, procedendo dessa forma, em caso da opção de tributação sobre 20% do faturamento bruto, haveria uma distorção no cálculo do imposto. A mesma regra vale para os demais tipos de descontos;
- **Seguros:** os pagamentos de seguros de bens e casos fortuitos da atividade rural podem ser deduzidos como despesas. Neste caso, aproveitados os bens, insumos e investimentos como despesas, bem como as parcelas pagas, a indenização que venha a ser recebida deve ser levada à tributação como receita da atividade rural, não sendo abrangida pela isenção prevista no regulamento do imposto de renda para as indenizações oriundas de bens fora do anexo rural;
- **Sobras de cooperativa:** as sobras recebidas de cooperativa de produção rural, tanto por produtor pessoa física (IN 83/01) quanto pessoa jurídica (IN 1700/17) estão no rol de rendimentos tributáveis da atividade rural e devem computar em sua receita bruta, assim como, em contrapartida, as perdas absorvidas somam-se às despesas da atividade;
- **Aproveitamento de prejuízos de anos anteriores:** o produtor rural pode aproveitar 100% do valor acumulado dos prejuízos dos anos anteriores para deduzir do resultado da atividade rural de um determinado ano. Só não poderá aproveitar se não houver escrituração das receitas e despesas no livro caixa, seja manual ou digital, ou se escolher a opção da tributação na forma de resultado presumido. Indicando essa modalidade, o produtor ainda perde todo o saldo acumulado até então, não podendo mais aproveitá-lo nos anos seguintes. Até o ano de 2014, o produtor que optasse pelo desconto simplificado na declaração também não poderia utilizar os prejuízos, mas desde 2015 não há mais essa proibição;

- **Herança de prejuízos acumulados:** no caso de falecimento de um produtor rural, o saldo de prejuízos acumulados constante na declaração no ano da finalização do inventário pode ser transferido para as declarações de imposto de renda dos herdeiros/meeiros, nos percentuais que lhes serão de direito, desde que os mesmos continuem a explorar a atividade rural;
- **Imposto de renda na venda de fazendas:** na venda de uma fazenda, assim como na compra, é necessário separar o que é terra nua das benfeitorias existentes sobre essa terra. Essas benfeitorias, se foram computadas como despesa na aquisição, devem ser consideradas como receita da atividade rural no momento da venda. Já o valor da terra nua está sujeito a uma tributação diferente, sobre o ganho de capital, modalidade que abordaremos a seguir.

2.1.7 Imposto de renda sobre o ganho de capital nas pessoas físicas

2.1.7.1 O que é ganho de capital?

O imposto de renda sobre o ganho de capital é aquele devido sobre a diferença positiva entre o valor que se adquiriu um bem e aquele em que se recebe no momento da venda.

Em regra geral, entende-se o valor de aquisição do bem como aquele constante na declaração do imposto de renda. No entanto, não é um cálculo simples. Na legislação atual, existem hipóteses de isenção, redução e até uma regra específica para imóveis rurais. Sabendo de todas essas variáveis, é possível simular os custos na venda de um imóvel específico antes de firmar o contrato de venda para não ser pego de surpresa com um valor alto de imposto a ser pago. Existe um software fornecido gratuitamente e atualizado todo o ano pela Receita Federal que facilita essa simulação. Os arquivos podem ser encontrados no site: https://receita.economia.gov.br/orientacao/tributaria/pagamentos-e-parcelamentos/pagamento-do-imposto-de-renda-de-pessoa-fisica/ganho-de-capital/programa-de-apuracao-de-ganhos-de-capital-moeda-nacional.

> **Atenção!**
> As isenções e reduções aqui abordadas são exclusivamente para pessoas físicas e não se aplicam para pessoas jurídicas. Outro ponto importante é que o imposto sobre o ganho de capital deve ser recolhido até o último dia útil do mês seguinte ao do recebimento dos valores e não apenas na declaração de imposto de renda anual.

2.1.7.2 Alíquotas

A partir de 1º de janeiro de 2017, as alíquotas incidentes sobre o ganho de capital nas pessoas físicas, que antes eram fixadas em 15%, independente do valor, passaram a ser variáveis e progressivas. Hoje, as alíquotas são as seguintes:
- 15% sobre a parcela dos ganhos que não ultrapassarem R$ 5 milhões;
- 17,5% sobre a parcela dos ganhos que excederem R$ 5 milhões e não ultrapassarem R$ 10 milhões;
- 20% sobre a parcela dos ganhos que excederem R$ 10 milhões e não ultrapassarem R$ 30 milhões; e
- 22,5% sobre a parcela dos ganhos que ultrapassarem R$ 30 milhões.

Esses percentuais incidem sobre a base de cálculo, ou seja, a diferença positiva entre o valor de aquisição e o valor de venda do bem. Vimos que, em regra geral, o valor de aquisição a ser utilizado é aquele declarado no imposto de renda e o valor de venda, aquele realmente recebido. Essa regra vale para todos os bens e imóveis considerados urbanos e para imóveis rurais adquiridos até 1996. No entanto, para imóveis rurais adquiridos a partir de 1997, a legislação define que os valores de aquisição e venda a serem considerados serão os valores informados para a terra nua nas declarações de ITR transmitidas no ano da compra e da venda, respectivamente. Assim, nesses casos, seriam irrelevantes os valores constantes na declaração de imposto de renda e os efetivamente recebidos, sendo observadas apenas as informações constantes nas declarações de ITR.

2.1.7.3 A utilização do VTN da declaração de ITR

Por que esse item merece uma abordagem especial? Porque não é tão simples como pode parecer. Se seguirmos a hierarquia das leis, o que vale é o disposto na lei ordinária n. 9.393/96 que, em seu artigo 19, diz que, a partir do dia 1º de janeiro de 1997, para fins de apuração de ganho de capital, considera-se custo de aquisição e valor da venda dos imóveis rurais o respectivo VTN declarado no DIAT. No entanto, precisamos observar o que diz a Instrução Normativa 84/01, em seu artigo 10, § 2º.

Embora a IN seja uma norma complementar, inferior na escala de hierarquia das leis em relação à uma lei ordinária, ela mostra o entendimento da Receita Federal acerca do tema. Ou seja, para a Receita Federal, de acordo com o dispositivo citado, a regra de utilização do VTN na declaração de ITR só se encaixa nos casos em que o produtor declarou o ITR já em seu nome no ano da compra e, **CUMULATIVAMENTE**, o declarou em seu nome no ano da venda. Logo, sabendo-se que o DIAT é transmitido até o final de setembro de cada ano, a norma diz que, para a utilização do VTN para fins de ganho de capital, o imóvel, além de ser adquirido após 1997, precisa ter sido comprado antes de setembro e vendido depois de setembro. Caso o vendedor da fazenda não tenha uma dessas declarações em seu nome, embora seja imóvel rural, seria aplicada a regra geral, da diferença positiva entre o valor do imposto de renda para o efetivamente recebido.

Vamos ver um exemplo: se eu comprei um imóvel em julho de 2000, transmiti o DIAT até o dia 30 de setembro de 2000 em meu nome, pois o imóvel já era meu no prazo normal de transmissão da declaração de ITR. Se eu for vendê-lo em outubro de 2022, já terei transmitido a declaração de ITR (DIAT) até 30 de setembro de 2022, porque ainda seria de minha propriedade dentro do prazo de entrega. Logo, nesse exemplo, eu teria adquirido um imóvel após o ano de 1997 e possuiria o DIAT do ano da compra e da venda em meu nome. Portanto, a regra a ser utilizada seria a do VTN da declaração do ITR e não do valor do imposto de renda.

Agora, se eu tivesse adquirido esse mesmo imóvel em outubro de 2000, o DIAT do ano de aquisição teria sido transmitido até 30 de setembro de 2000 pelo antigo proprietário. Ainda, se eu vender a área em julho de 2022, o DIAT do ano da venda do imóvel será declarado já pelo novo proprietário. Assim, de acordo com o entendimento da receita federal transposto na IN 84/01, a regra a ser utilizada nesse exemplo seria a geral, do valor de imposto de renda contra o efetivamente recebido.

Nota-se que a norma complementar foi além do que disciplina a lei ordinária. Por esse motivo, há discussão jurídica quanto à legalidade da aplicação do entendimento da Receita Federal.

O que o produtor rural precisa saber? Que o caminho mais seguro é respeitar o entendimento da Receita Federal, utilizando o VTN apenas quando há o ITR declarado no ano da compra e da venda em seu nome. Assim, não haverá contestação nesse sentido por parte do órgão, mas talvez acerca da veracidade dos valores informados no DIAT, sendo necessário possuir um laudo técnico de avaliação do valor da terra para afastar tal hipótese.

Entretanto, também é necessário estar ciente que há a possibilidade de discussão acerca da legalidade da IN, visto que a diferença sobre o pagamento do imposto pode ser bastante elevada em alguns casos, como o de uma venda com um valor efetivamente recebido maior do que aquele constante na declaração do ITR. Isso pode ocorrer pela grande valorização das terras nos últimos anos, que nem sempre é compatível com os valores de pauta estipulados pelos municípios nos convênios estabelecidos junto à União.

Por mais que o laudo dê uma maior segurança acerca da veracidade das informações, esses valores de pauta não devem ser ignorados. Conforme a IN RFB 1.877/19, os valores informados pelos municípios no Sistema de

Preços de Terras (SIPT) são dados oficiais que servem de base para as informações a serem prestadas pelo produtor na declaração de ITR. Inclusive, são utilizados pela própria Receita Federal em processos de fiscalização como parâmetro para aceitação ou não dos valores informados pelos contribuintes.

Vejamos mais um exemplo:

Quadro 2.6 Comparativo entre a utilização do valor do IRPF e do ITR para o cálculo do imposto sobre o ganho de capital

	Regra geral (DIRPF)	DIAT (ITR)
Data de aquisição	01/07/2000	01/07/2000
Valor pago por ha	R$ 1.000,00	R$ 1.000,00
Total de hectares	200	200
Valor de aquisição	R$ 200.000,00	R$ 200.000,00
Data de venda	30/07/2022	30/10/2022
Valor de venda por ha	R$ 20.000,00	R$ 10.000,00
Total de hectares	200	200
Valor de alienação	R$ 4.000.000,00	R$ 2.000.000,00
Diferença tributável	R$ 3.800.000,00	R$ 1.800.000,00
Imposto a pagar (15%)	R$ 570.000,00	R$ 270.000,00

Note que, no exemplo acima, totalmente hipotético, por uma diferença de apenas 3 meses na data da venda, o produtor poderia pagar R$ 300.000,00 a mais de imposto sobre o ganho de capital. As únicas diferenças entre os dois casos são a data de venda e o valor efetivamente recebido, de R$ 20.000,00 por hectare, mas que, de acordo com o laudo técnico ou o SIPT para fins de parâmetro, para a declaração de ITR estava avaliado em R$ 10.000,00 por hectare.

Por todo o exposto, já existem decisões judiciais a favor dos contribuintes para a utilização do VTN para imóveis adquiridos a partir de 1997 independente de ter as declarações de ITR no próprio nome. Não possuindo uma delas ou as duas, poderiam ser utilizados os valores do SIPT. Inclusive, embora não tenha competência para discutir acerca da legalidade ou constitucionalidade de normas, a própria Receita Federal já decidiu nesse mesmo sentido em julgamentos sobre o tema. Contudo, o assunto ainda não está pacificado.

Para comprovar, destaco duas decisões recentes da segunda instância administrativa, o CARF. Em dois casos análogos, julgados com um intervalo de apenas 1 dia de diferença, há um julgamento favorável à utilização do VTN do ITR e outro contrário:

- **Acórdão 2402005.934 – Datado de 08 de agosto de 2017.**IRPF. GANHO DE CAPITAL. IMÓVEL RURAL. LEI N. 9.393/96. CUSTO DE AQUISIÇÃO E VALOR DE ALIENAÇÃO. SISTEMÁTICA DE APURAÇÃO. VTN. FALTA DO DIAC OU DO DIAT. APLICAÇÃO DO ART. 14. ANTINOMIA COM A IN SRF 84/2001. APLICAÇÃO DO PRINCÍPIO DA LEGALIDADE.

  1. Quanto aos imóveis rurais, a Lei n. 9.393/96, que dispõe sobre o ITR, também regulamenta a apuração do ganho de capital a partir de 10 de janeiro de 1997, estipulando que se considera custo de aquisição e valor de venda do imóvel rural o VTN declarado, na forma do art. 8º, observado o disposto no art. 14, respectivamente, nos anos de sua aquisição e de sua alienação.

  2. A falta de declaração dos VTNs implicará o seu arbitramento de conformidade com o sistema de preço de terras.

  3. O § 2º do art. 10 da IN SRF 84/2001, ao prever como custo e valor de alienação os constantes nos respectivos documentos de aquisição e alienação, não se compatibiliza com as normas legais retro mencionadas.

  4. O critério jurídico utilizado pela autoridade lançadora está equivocado, de forma que o lançamento deve ser cancelado.

- **Acórdão 2201-003.817 – Datado de 09 de agosto de 2017.** ALIENAÇÃO. IMÓVEL RURAL. GANHO DE CAPITAL. APURAÇÃO. DIAT. INAPLICABILIDADE.

  Na apuração do ganho de capital decorrente da alienação de imóvel rural, **caso o alienante não tenha apresentado o DIAT relativamente ao ano de alienação, considerasse como custo e como valor de alienação o valor constante nos respectivos documentos de aquisição e de alienação.**

Percebam que no julgamento do dia 8 de agosto de 2017 são admitidos os valores de VTN do DIAT, sendo utilizados os valores de pauta dos municípios na falta de uma das declarações em seu próprio nome. Já no julgamento do dia seguinte, sobre o mesmo assunto, decidiu-se que, não possuindo uma das declarações de ITR em seu nome, aplica-se a regra geral, ou seja, os valores presentes nos contratos de compra e de venda, os mesmos que devem ser informados nas declarações de imposto de renda.

Pode haver uma possibilidade maior de decisão favorável à utilização do VTN na esfera judicial, onde há a competência para julgamentos acerca da ilegalidade das condições impostas apenas pela norma complementar (IN), fazendo prevalecer o que diz a lei.

> **Atenção!**
>
> O objetivo dessa explanação, um pouco mais jurídica, foi apenas o de mostrar que esse é mais um tema controverso. Aliada ao exemplo com números hipotéticos, reforça a importância de se planejar a venda de uma fazenda com muita atenção, pois pequenos detalhes podem impactar no resultado. Quanto aos posicionamentos jurídicos, é importante que o produtor rural os conheça, mas que, entendendo as divergências, em uma possível venda de fazenda, procure uma assessoria jurídica que embase a tomada de decisão por uma linha de raciocínio ou por outra e não opte apenas pela linha mais vantajosa tributariamente sem antes levar em conta os riscos envolvidos. Por fim, para facilitar o entendimento e recapitular o que foi abordado, trago um quadro resumo com as informações tratadas nesse tópico:

Quadro 2.7 Quadro resumo

CRITÉRIOS PARA A UTILIZAÇÃO DA BASE DE CÁLCULO ATRAVÉS DO VTN DECLARADO NO DIAT (DECLARAÇÃO DE ITR)	Lei ordinária: apenas menciona que será utilizado o VTN do DIAT para imóveis comprados a partir de 1997 (Lei n. 9.393/96, art. 19);
	Norma complementar (IN RFB): inova, exigindo a compra antes de setembro e venda depois de setembro (IN 84/01, art. 10, § 2º);
	Discussão na via administrativa (CARF): existem decisões recentes contestando a IN 84/01, mas também outras que mantém o entendimento da norma. (Acórdão 2402005.934, datado de 08 de agosto de 2017 e Acórdão 2201-003.817, datado de 09 de agosto de 2017);
	Discussão na via judicial (STJ): há decisão recente contestando a IN (RECURSO ESPECIAL Nº 1.222.773 – RS – 2010/0216458-8 – Sessão 14 de junho de 2018).

2.1.7.4 Isenções previstas no regulamento do imposto de renda das pessoas físicas

- **Imóveis comprados até 1969:** na venda desses imóveis, independente do valor recebido, não haverá imposto devido;

- **Venda do único imóvel:** nas vendas do único imóvel que possua, desde que o valor recebido seja igual ou inferior a R$ 440 mil, também não há pagamento de imposto;
- **Aplicação na compra de outro imóvel:** para os imóveis **RESIDENCIAIS**, não se enquadrando nesse item os imóveis rurais. Se o vendedor utilizar o valor total recebido na venda do imóvel para a compra de outro em até 180 dias da data da celebração do contrato, não pagará imposto sobre a venda. Caso o dinheiro seja aplicado em um imóvel de valor menor do que o recebido, paga-se o imposto sobre essa diferença;
- **Permuta de imóveis:** havendo uma permuta de imóveis, ou seja, uma troca, sem o recebimento de valores adicionais por nenhuma das partes, mesmo que um imóvel esteja declarado por um valor superior ao outro, não haverá imposto a pagar. Nesse caso, o valor de aquisição do imóvel que cada um possuía na declaração de imposto de renda se mantem o mesmo, alterando-se apenas os históricos. Por exemplo, o contribuinte A possui um apartamento declarado por R$ 100 mil e o contribuinte B tem uma casa declarada por R$ 200 mil. Na troca entre eles, o contribuinte A vai informar em seu imposto de renda que possui uma casa no valor de R$ 100 mil e o contribuinte B, um apartamento no valor de R$ 200 mil e nenhum dos dois pagará imposto de renda sobre o ganho de capital;
- **Recebimento de indenizações por furto, roubo ou sinistro de objetos segurados:** se há um acidente com um veículo, por exemplo, e a seguradora paga um valor maior do que o bem estava declarado no imposto de renda, essa diferença positiva está isenta de imposto;

Atenção!
Quanto aos seguros relacionados aos bens da atividade rural ou da própria lavoura, o tratamento dado é diferente. Se o pagamento das parcelas do seguro e os valores pagos pelos bens e insumos para a formação da lavoura forem computados como despesa da atividade rural, o valor recebido pela seguradora deve ser levado à tributação como receita da atividade rural. Como o tratamento dado não é o de ganho de capital nesses casos, não há como se beneficiar da isenção prevista no regulamento.

- **Venda de bens de pequeno valor:** quando o valor recebido pelo bem é inferior a R$ 35 mil, não há imposto a pagar mesmo que haja diferença positiva entre os valores de compra e de venda.

2.1.7.5 Reduções da base de cálculo na venda de imóveis

Na legislação atual, existem quatro situações de redução do ganho de capital, as quais podem ser aproveitadas cumulativamente, ou seja, se eu me enquadro em três hipóteses, tenho três tipos de redução a considerar no cálculo.

2.1.7.5.1 Hipóteses de redução

- **Redução para imóveis adquiridos de 1969 a 1988:** o artigo 18 da Lei n. 7.713/88 traz percentuais fixos de redução a serem aplicados de acordo com a data de aquisição dos imóveis. Os percentuais variam, de forma decrescente, 5% a cada ano. Por exemplo, os imóveis adquiridos até 1969 têm 100% de redução, em 1970, 95%, em 1971, 90% e assim sucessivamente até chegar à redução de 5% para aqueles imóveis adquiridos em 1988;
- **FR, FR1 e FR2:** no ano de 2005, através da Medida Provisória 252/05 e da Lei n. 11.196/05, surgiram mais três possibilidades de redução do ganho de capital, os chamados "FR – Fator de Redução", "FR1 – Fator de Redução 1" e "FR2 – Fator de Redução 2". A aplicação desses percentuais deriva de quoeficientes matemáticos bastante complexos, os quais não caberia abordar aqui. O método mais preciso para se chegar nesses cálculos é por simulação realizada no software disponibilizado pela Receita Federal, como já mencionado.

2.1.7.6 Questionamentos essenciais para um planejamento tributário sobre a venda de um imóvel

Elencados os entendimentos e variáveis acerca do tema, chegamos a questões essenciais a serem levantadas antes de se vender um imóvel. Elas podem nortear o planejamento de uma venda:

- É meu único imóvel? Venderei por mais de R$ 440 mil?
- O imóvel que vou vender foi adquirido até 1969?
- Qual o ano de aquisição? Como fica o imposto com as reduções legais?
- Imóveis residenciais (urbanos): vou comprar outro imóvel com o dinheiro da venda? Em até 180 dias?
- Imóveis rurais: qual o valor declarado como terra nua no meu ITR no ano da compra? Está de acordo com o valor de mercado da época? Há possibilidade de firmar a venda apenas após a transmissão da declaração de ITR, a partir de setembro?

2.1.8 Por que o produtor rural deve se preocupar com o imposto de renda?

O produtor deve se preocupar com o imposto de renda principalmente por dois pontos: gestão tributária e evolução da fiscalização da Receita Federal.

Vimos que o cálculo do imposto de renda da atividade rural é complexo e envolve algumas variáveis. Além disso, em meio a preocupações com plantio, colheita, clima e preço, o produtor costuma ter apenas dois meses para organizar tudo que foi feito no ano anterior, declarando operações que causam dúvidas de interpretação, como as situações exemplificadas até o momento. Diante desse cenário, algumas vezes acaba-se dando menos atenção à qualidade das informações do que se deveria.

Mas não precisa ser assim. Dando a devida atenção ao imposto de renda, acompanhando os números periodicamente junto ao contador, o período entre março e abril pode ser utilizado apenas para a formalização do resultado que foi devidamente monitorado durante todos os meses do ano anterior.

Com isso, consegue-se fazer uma gestão tributária eficaz: se eu sei o meu resultado e quanto estou pagando de imposto de renda em determinado mês, consigo mudar os rumos tomando decisões que visam uma redução da carga tributária ou, ao menos, evito surpresas em abril do ano seguinte, preparando o fluxo de caixa para o imposto devido. Se eu não acompanho os números, posso cair em um dos mitos sobre o imposto de renda.

- **MITO 01: não está sobrando dinheiro no meu caixa, logo, não pagarei imposto de renda esse ano.**

    Esse é um dos mitos mais preocupantes, pois realmente faz sentido. Sendo o imposto de renda da atividade rural das pessoas físicas apurado pelo regime de caixa, se não está sobrando, teoricamente não houve lucro tributável.

    Embora o raciocínio tenha lógica, não está correto.

    - **Entenda:** os investimentos feitos na propriedade rural através de financiamentos bancários entram como despesa pelo valor total no ano da aquisição. Na prática, é como se recebêssemos o dinheiro do banco e pagássemos à revendedora de uma máquina, por exemplo, no ato, à vista.

    Assim, como já houve o aproveitamento "antecipado" da despesa, as parcelas de financiamento que terei que pagar ao banco nos próximos anos não são dedutíveis. Logo, pode ser que o meu RESULTADO TRIBUTÁVEL DA ATIVIDADE RURAL esteja sendo destinado para pagamento desses financiamentos "não dedutíveis", fazendo com que falte dinheiro no meu fluxo de caixa, mas sobre resultado na minha declaração de imposto de renda.

Outra hipótese é a compra de uma fazenda. Como a terra nua é um investimento não dedutível como despesa do imposto de renda, o pagamento à vista ou das parcelas dessa compra incorrem no mesmo exemplo anterior, sai dinheiro e não reduz imposto;

- **MITO 02: fujo do imposto de renda fazendo investimentos.**

Essa afirmação está correta, investimentos contam como despesa, reduzindo o resultado. A alternativa de fazer investimentos, diminuindo a carga tributária, é legal e muito útil.

Porém, deve ser utilizada com cautela. Se fizermos investimentos desnecessários, encarecemos o nosso negócio, diminuímos a rentabilidade e essa perda às vezes pode ser maior do que a economia tributária com o imposto de renda.

Por outro lado, se tínhamos dinheiro em caixa e pagamos à vista, prejudicamos nosso fluxo de caixa, gerando a necessidade de tomada de crédito para o outro ano. Se não tínhamos dinheiro em caixa, precisamos fazer investimentos financiados, tomando crédito novamente.

Logo, voltaríamos ao primeiro mito, sem dinheiro em caixa, endividados e pagando altos valores de imposto de renda. Ou, fazendo novos investimentos desnecessários, tomando mais crédito e perdendo mais rentabilidade a cada ano.

Portanto, é uma estratégia tributária útil, mas que deve ser utilizada com sabedoria para não se tornar um círculo vicioso.

Fazendo uma gestão tributária eficaz e o devido acompanhamento dos números, chego em abril mais organizado e tenho mais tempo para a revisão da qualidade das informações prestadas na declaração. Essa revisão é fundamental para constatar se alguma informação foi esquecida ou se houve algum equívoco de interpretação legal, possibilitando a correção antes do momento da entrega da declaração e evitando problemas com o Fisco.

Segundo dados do último levantamento do tipo feito pela Receita Federal do Brasil, no plano plurianual de fiscalização da RFB 2018/2019, quase 10% das declarações efetuadas em 2018 caíram na malha fina por incorreções nos dados informados. Estes, dividem-se em 8% que autorregularizaram, ou seja, corrigiram as informações e pagaram a diferença do valor devido, e 2% que não regularizaram e foram autuados. Todavia, esses contribuintes que foram punidos representaram quase 70% do valor arrecadado na malha fina de 2018/2019.

É evidente que o fato de a arrecadação em autuações ser tão representativa explica-se por diversos fatores, mas é inegável que uma das razões é que em uma autuação, sobre parcela que se deixou de recolher do imposto de renda, pode ser aplicada uma multa de até 150%, dependendo do caso.

Outro fato relevante é que a RFB vem evoluindo muito na efetividade de seus auditores fiscais e no aperfeiçoamento do cruzamento de informações. Mecanismos como bônus de produtividade dos auditores fiscais, instituído em 2016, e as delegacias de grandes contribuintes a partir de 2010, ajudaram significativamente para uma maior efetividade do processo de fiscalização. Para se ter uma ideia, nos anos de 2015 e 2016, cada auditor recuperava para a receita em autuações, em média, aproximadamente R$ 50 milhões. Coincidência ou não, após a implementação do bônus, em 2017, 2018 e 2019 cada auditor recuperou, respectivamente, R$ 85 milhões, R$ 87 milhões e R$ 98 milhões. Em 2020, houve uma pequena queda na média, se comparado com o ano anterior, fechando em aproximadamente R$ 95 milhões por auditor. Já sobre as delegacias de grandes contribuintes, o plano para 2021, por exemplo, é monitorar 8.392 contribuintes, o que representa apenas 0,01% do total, mas que são responsáveis por 60% da arrecadação geral. Ou seja, o Fisco consegue, intensificando seus esforços em apenas 0,01% dos contribuintes, controlar 60% da arrecadação.

Já quanto ao cruzamento de informações, houve uma evolução muito grande em 2007 com a criação do ambiente SPED e da nota fiscal eletrônica. Inclusive, também estava dentro do planejamento anual para 2020 da Receita Federal, sendo mantido para 2021, o cruzamento de notas fiscais eletrônicas emitidas, tanto das vendas quanto das compras efetuadas, com as declarações de imposto de renda e LCDPR a fim de encontrar receitas omitidas e despesas aumentadas nas declarações dos produtores rurais. Em 2008, com a DIMOF e, em 2015, com a e-Financeira, a RFB obrigou as instituições bancárias a declararem as informações das movimentações bancárias dos contribuintes. Assim, o Fisco já controlava as notas fiscais de compra e venda e as informações bancárias. Faltava monitorar as informações de dinheiro em espécie, o que foi obtido em 2018 através da implementação da DME, que obriga a declaração de valores recebidos em moeda em espécie a partir de R$ 30 mil.

Todas essas informações facilitaram o cruzamento dos dados nelas contidos referentes a movimentação bancária, dinheiro em espécie e compras e vendas da atividade rural com aquelas informadas na declaração de imposto de renda pelo próprio contribuinte. Porém, o maior incremento para o produtor rural ainda estava por vir: o LCDPR. Anteriormente, achando inconsistências, o fiscal precisava manusear o livro caixa da atividade rural em papel. Agora, com a implementação do LCDPR, os dados podem ser cruzados digitalmente e as inconsistências constatadas e confirmadas de forma muito mais ágil.

Corroborando com o exposto, o aumento da produtividade e efetividade da fiscalização da Receita Federal se comprova em números. De acordo com o relatório plurianual 2020/2021, o grau de acerto nas fiscalizações da Receita Federal em 2020, assim como em 2019, foi de mais de 91%.

2.2 Modelos de exploração da atividade rural

Conceitualmente, o planejamento tributário é a atividade de examinar as formas pelas quais uma atividade econômica pode ser desenvolvida e escolher a que se mostre mais vantajosa do ponto de vista tributário. Podemos dividir o planejamento tributário em duas fases: a estruturação tributária e a gestão tributária. Na estruturação tributária, escolhe-se o modelo de exploração da atividade rural e essa fase consiste em um planejamento prévio, a definição do modelo de estruturação, a formalização de fato, via contrato e, também, exige uma revisão periódica, visto que nenhuma estrutura é imutável. Já a gestão tributária, como vimos, é um ato constante e que exige do gestor uma boa visão e acompanhamento das projeções de receitas e despesas da atividade, analisando-as mensal ou trimestralmente e, acima de tudo, necessita de tomadas de decisões rápidas.

Em suma, pode-se dizer que da estruturação tributária deriva uma ideia de negócio viável tributariamente que tem a sua eficácia checada, acompanhada e validada pela gestão tributária.

Abordamos anteriormente a importância da gestão tributária e agora veremos quais são os modelos de exploração da atividade rural possíveis dentro de uma estruturação tributária.

Ela pode ser realizada individualmente ou em conjunto com outros membros, sejam familiares ou não. Sendo esta realizada em conjunto, é necessário entender como ocorrerá de fato a relação entre os membros para que se formalize em um instrumento jurídico e também conhecer os impactos tributários oriundos de cada tipo de contrato.

Na legislação atual, existem algumas formas de exploração da atividade rural, sendo as mais usuais, além da exploração individual, a exploração das áreas comuns pelo casal, condomínio, comodato, arrendamento e parceria rural.

2.2.1 Exploração das áreas comuns pelo casal

De acordo com o regulamento do imposto de renda, as áreas comuns ao casal podem ser levadas à tributação de três maneiras:
- Declaração em conjunto, onde apenas um dos cônjuges envia a declaração e leva a totalidade do resultado da atividade rural à tributação;
- Apenas um dos cônjuges declara o resultado comum e o outro envia declaração própria sem tais rendimentos;
- Cada um dos cônjuges declara 50% dos resultados obtidos na atividade rural.

2.2.2 Exploração em condomínio

A exploração em condomínio se dá quando existe mais de um proprietário nas áreas exploradas, como por exemplo, três irmãos que herdaram dos pais 33,33% de área cada um e resolvem explorar em conjunto. Nesta modalidade, cada um dos condôminos leva à tributação o percentual referente à propriedade das áreas.

2.2.3 Exploração de área cedida através de comodato

Previsto nos artigos de 1.248 a 1.255 do Código Civil, o comodato é o contrato a título gratuito em virtude do qual uma das partes cede, por empréstimo, à outra, algo para que se use, pelo tempo e nas condições preestabelecidas.

Em suma, o instrumento do comodato garante que uma pessoa explore uma área que não é de sua propriedade de forma gratuita. O instituto do comodato é válido, mas, tributariamente, deve-se ter atenção ao utilizá-lo, pois embora não haja recebimento por parte de quem cede gratuitamente a área, o regulamento do imposto de renda prevê que, se essa cessão não for entre cônjuges e parentes de primeiro grau, poderá haver cobrança de imposto de renda.

2.2.4 Arrendamento e parceria rural

Entende-se como arrendamento rural a cessão de uma terra com recebimento de um valor fixado entre as partes. Assemelha-se com o comodato, diferenciando-se pelo fato de que neste há recebimento em troca da cessão. Já com relação à parceria rural, a linha é mais tênue.

De acordo com o Estatuto da Terra, a parceria é um contrato agrário pelo qual uma pessoa se obriga a ceder à outra, por tempo determinado ou não, o uso específico de um imóvel rural, com o objetivo de nele ser exercida atividade de exploração agrícola, mediante partilha, isolada ou cumulativamente, de **RISCOS** de caso fortuito e da força maior do empreendimento rural e dos frutos, produtos ou lucros havidos, na proporção que estipularem, observados os limites percentuais da lei e variações de preço dos frutos obtidos na exploração.

Resumidamente, a diferença entre arrendamento e parceria está no risco do empreendimento rural: no arrendamento há um recebimento de valor acertado, de forma mais segura, independentemente de fatores externos como uma quebra de safra e/ou outro sinistro, enquanto na parceria rural os parceiros dividem todos os riscos inerentes à atividade, ou seja, têm suas participações fixadas em um percentual da produção, de forma variável e sujeita aos riscos relativos à atividade, visto que se produzir menos que o esperado, todos os parceiros serão afetados.

Outra diferença significativa entre os dois modelos diz respeito à tributação, onde o arrendamento é tributado como um aluguel (mais oneroso) e na parceria os produtos vendidos referentes à quota parte prevista no contrato (respeitando os limites do art. 96 do Estatuto da Terra) são levados à tributação como receita da atividade rural.

Outro detalhe importante sobre essa diferenciação vem do entendimento da Receita Federal sobre como se constitui uma parceria de fato. Para o órgão, independe o nome do contrato firmado. Mesmo que o instrumento elaborado se denomine "contrato de parceria", se o cedente receber quantia fixa sem partilhar os riscos do negócio, fica sujeito à cobrança do imposto de renda como aluguel.

2.2.4.1 Comparativo entre arrendamento, parceria e comodato

2.2.4.1.1 Parceria rural

- **Pontos positivos:** em regra geral, a tributação incidente para o dono da terra é menos onerosa do que no arrendamento.

Já para quem efetivamente explora a terra, comparado ao arrendamento, não há mudanças quanto à parte tributária. O fato de o pagamento não ser em quantia fixa e sim em percentual da produção pode ser visto como um ponto positivo em determinados casos.

- **Pontos negativos**: o dono da terra deve correr o risco junto com o parceiro. Logo, se houver uma frustração parcial ou total de safra, o valor a receber será menor, ou zero, respectivamente.

Também há a necessidade de um nível maior de controle de produção para o parceiro produtor que, diferentemente do que acontece no arrendamento, tem que prestar contas do que foi produzido. Logo, aumenta a complexidade e também pode aumentar o custo com softwares ou pessoas para fazer esse levantamento mais apurado.

- **Pontos de atenção:** quando não comprovado o risco, independente do nome do contrato, a relação é caracterizada como ARRENDAMENTO;
  - Pagamento preferencialmente em produtos, para concorrer com o risco da variação de preço;
  - Fechamento de safra que demonstre com clareza a produção das áreas e o cálculo do percentual repassado;
  - Elaboração de contrato que demonstre claramente os riscos e respeite os percentuais definidos pelo art. 96 do Estatuto da Terra.

2.2.4.1.2 Arrendamento

- **Pontos positivos**: o dono da terra recebe o valor garantido, fixo, sem compartilhar riscos. Tributariamente, em comparação com a pessoa física, um arrendamento de uma área pertencente à uma pessoa jurídica pode ser mais interessante em alguns casos.

Já no caso do arrendatário, mesmo que haja safra recorde, pagará o mesmo valor fixado, diferentemente da parceria, o que dá a possibilidade de um resultado melhor.

- **Pontos negativos:** é mais oneroso tributariamente para o dono da terra em relação à parceria agropecuária.

Para o arrendatário, em caso de frustração com a safra deve pagar ao dono da terra o mesmo valor do que em anos bons. Tributariamente, pode utilizar o valor pago como despesa da atividade rural e, optando pela tributação sobre o resultado, não há diferença com a que teria na parceria.

- **Pontos de atenção:** o dono da terra deve se atentar que, mesmo que recebido em produtos, a tributação se dá como aluguel, com conversão em reais pela cotação do produto na data do recebimento e ganho de capital sobre a diferença, se positiva, entre o valor de entrada para aquele recebido efetivamente na venda desse produto.

Cuidado com a multa de 20% ao arrendatário que não informar o pagamento na declaração de imposto de renda (art. 1.012 RIR/18).

2.2.4.1.3 Comodato

- **Pontos positivos:**
  - Contrato de cessão de área sem a necessidade de pagamento em contrapartida ao uso;
  - Não sofre tributação quando ocorre entre pessoas físicas, desde que seja entre pais, filhos e cônjuges.
- **Pontos negativos**: há previsão legal para a tributação como arrendamento sobre base de cálculo arbitrada em 10% do VTN informado no ITR (por analogia ao IPTU) se o contrato for firmado com terceiros, que não sejam pais, filhos e/ou cônjuges ou se uma das partes for uma pessoa jurídica, visto que esta tem personalidade jurídica própria mesmo que os sócios tenham relação familiar.
- **Pontos de atenção:**
  - Não firmar comodato cedendo a terra para terceiros;
  - Para não se enquadrar no arbitramento da base de cálculo em 10% do valor de mercado da terra, é mais indicado que se escolha um contrato

de parceria ou de arrendamento quando não for firmado entre familiares com parentesco de primeiro grau;
- É melhor estipular um valor a ser tributado no contrato de arrendamento ou correr o risco sobre a produção na parceria agropecuária do que acreditar que o contrato não tem incidência de imposto e ter o valor a pagar arbitrado pela Receita Federal.

2.3 FUNRURAL

O FUNRURAL, contribuição previdenciária dos produtores rurais, vem sofrendo mudanças significativas e, às vezes, controversas nos últimos anos. Criado em 1971, o FUNRURAL tinha como objetivo dar um tratamento diferenciado e favorecido ao produtor rural tributando-o sobre a receita bruta da atividade rural. Na década de 1970, sem o avanço tecnológico que temos nos dias de hoje, a atividade rural necessitava de uma mão de obra muito maior e, logo, era realmente mais vantajoso contribuir sobre a receita bruta do que sobre a folha de pagamento dos empregados, como as demais atividades contribuíam. Por esse motivo, sua legalidade não foi questionada até a virada do século. A essa altura, já não fazia mais sentido recolher, obrigatoriamente, o FUNRURAL sobre a receita bruta e esse tratamento diferenciado, criado como um benefício, acabou tornando-se, em alguns casos, muito mais oneroso. E aí está a validade da discussão. Existe um princípio constitucional tributário da ISONOMIA ou da IGUALDADE, previsto no caput do art. 5º da Constituição Federal, que diz que "todos são iguais perante a lei, sem distinção de qualquer natureza". Como o produtor rural era obrigado a contribuir de uma forma distinta das demais atividades, a lei do FUNRURAL estaria ferindo o princípio constitucional da igualdade e, portanto, seria inconstitucional. A maioria dos produtores já sabe o final dessa história. No STF foi julgado constitucional e, após o julgamento, foi editada uma nova lei dando a opção ao produtor rural de escolher contribuir sobre a folha de pagamento ou a receita bruta. Curiosamente, mesmo sendo julgado como constitucional, houve uma mudança na lei corrigindo justamente o que dava validade à discussão acerca da constitucionalidade da cobrança do FUNRURAL. Com a opção de escolha, o princípio da igualdade não está mais sendo ferido e, sim, está sendo dado o tratamento diferenciado previsto para o produtor rural no artigo 970 do Código Civil. A seguir, uma breve cronologia dos fatos para contextualizarmos historicamente:

2.3.1 Cronologia dos fatos

- **1971:** instituída a cobrança de INSS para produtor rural sobre a receita bruta (FUNRURAL);
- **1991:** alterada a lei que tratava sobre o FUNRURAL, adequando a cobrança após a Constituição de 1988;
- **2008:** surgem as primeiras liminares questionando a constitucionalidade (princípio da ISONOMIA);
- **2011:** decisão do Tribunal Regional Federal da 4ª Região (TRF-4), que afastou a incidência da contribuição;
- **2012:** discussão chega ao STF (Recurso União), Repercussão Geral;
- **2017:** decisão do STF considerando CONSTITUCIONAL a cobrança;
- **2017:** Medida Provisória 793 – parcelamento da dívida dos produtores rurais – PRR;
- **2018:** Lei n. 13.606/18 – prorrogação do prazo para adesão ao parcelamento, possibilidade do produtor rural recolher INSS sobre a folha de pagamento, isenções de FUNRURAL sobre operações intermediárias, como sementes, reprodutores, cria, recria e engorda, que até 2009 eram isentas, gerando grandes equívocos tributários, redução das alíquotas da FUNRURAL das pessoas físicas de 2,3% para 1,5% e das pessoas jurídicas de 2,5% para 1,7% (como previa a MP 793/17).

2.3.2 Como está o FUNRURAL atualmente?

Com todos esses impasses e reviravoltas, torna-se uma armadilha fácil equivocar-se na forma de recolhimento. Para auxiliar o gestor em mais essa tarefa, nada melhor do que um "perguntas e respostas" sobre o tema.

1) **Quais são as principais mudanças recentes sobre o FUNRURAL?**

Redução da alíquota da contribuição sobre o faturamento, opção de contribuir sobre a folha de pagamento, não incidência da contribuição em algumas operações e fim da discussão judicial acerca da incidência nas exportações indiretas (vide pergunta 15).

(Lei n. 13.606, de 9 de janeiro de 2018, arts. 14 e 15, Ação Direta de Inconstitucionalidade [ADI] 4735 e Recurso Extraordinário [RE] 759244)

2) **Quais são as alíquotas atuais sobre o faturamento e sobre a folha de pagamento?**

Além do percentual de 2,7% (salário educação + INCRA) sobre a folha de pagamento, que é devida em ambas as formas de recolhimento, os impostos incidentes são:

Quadro 2.8 Impostos incidentes no faturamento

Opção pelo faturamento	INSS	RAT	SENAR	% total sobre a receita
Pessoa jurídica	1,70%	0,10%	0,25%	2,05%
Pessoa física	1,20%	0,10%	0,20%	1,50%

Quadro 2.9 Impostos incidentes na folha de pagamento

Opção pela folha de pagamento	INSS	RAT	SENAR	% total sobre a folha
Pessoa jurídica	20,00%	3,00%	2,50%	25,50%
Pessoa física	20,00%	3,00%	0,00%*	23,00%

* Para as pessoas físicas, a contribuição ao SENAR segue sendo de 0,20% sobre o faturamento independentemente da opção escolhida.

Nesse item, cabe um detalhamento pelo nível de confusão jurídica do tema à época. Até o dia 28 de janeiro de 2019, não havia normatização da Lei n. 13.606/18 e o entendimento jurídico já era de que a opção pela folha não abrangeria a contribuição para o SENAR, prevista em lei específica (Lei n. 9.528/97) que não sofreu alteração. Desta forma, era claro que mesmo que o produtor rural optasse pela contribuição sobre a folha de pagamento, o percentual do SENAR continuaria sendo recolhido sobre o faturamento.

No entanto, em um primeiro momento, a Receita Federal entendeu que o SENAR da pessoa física, na opção pela contribuição sobre a folha de pagamento, também seria sobre a folha de pagamento.

Isto se deu por uma falha de interpretação da legislação, visto que há uma lei específica que trata da contribuição para o SENAR das pessoas físicas que foi sonegada pelo órgão.

Recapitulando, no dia 28 de janeiro de 2019 foi publicada a Instrução Normativa 1.867/19 e em 29 de janeiro de 2019 o ADE Codac n. 01/19, em que a Receita Federal firmava o entendimento de que o produtor, optando pela contribuição sobre a folha de pagamento, teria o SENAR também calculado sobre a folha de pagamento.

Também no dia 29 de janeiro de 2019, o SENAR emitiu uma nota oficial alegando que a Receita Federal havia se equivocado na redação da norma, que a contribuição deveria ser mantida sobre o faturamento independente da opção do contribuinte e que estava tomando as providências cabíveis para que o normativo da RFB fosse corrigido.

Assim, como esperado, em 13 de fevereiro de 2019 a Receita Federal retificou a Instrução Normativa 1.867/19, corrigindo o equívoco constatado pelo SENAR.

Ressalte-se que a Receita Federal retirou o SENAR sobre a folha de pagamento das pessoas físicas, mas manteve 2,5% sobre a folha para as pessoas jurídicas. Há uma lei específica do SENAR regrando que, para pessoas físicas, o imposto incide sempre sobre o faturamento. Já para as pessoas jurídicas, vale a lei geral, que criou e dispõe sobre o SENAR, a Lei n. 8.315/91.

Enfim estava corrigido o equívoco, ficando totalmente esclarecido que a contribuição do SENAR para as pessoas físicas, independente da opção pela folha de pagamento, deve ser recolhida conforme a Lei n. 9.528/97, como era feito anteriormente à Lei n. 13.606/18 que trouxe a possibilidade de opção pela folha de pagamento.

(Lei n. 13.606, de 9 de janeiro de 2018; Lei n. 8.315, de 23 de dezembro de 1991; Lei n. 9.528, de 10 de dezembro de 1997; Instrução Normativa SERFB n. 1867, de 25 de janeiro de 2019; Ato Declaratório Executivo CODAC n. 1, de 28 de janeiro de 2019 e nota oficial do SENAR de 29 de janeiro de 2018).

3) A redução de alíquota para o produtor rural pessoa jurídica, de 2,6% para 1,7%, não foi vetada pelo Presidente da República?

Sim, na redação inicial da Lei n. 13.606/18 houve o veto presidencial no trecho do artigo 15 que reduzia a alíquota de 2,6% para 1,7%, sendo aprovada apenas a redução para as pessoas físicas.

No entanto, em 18 de abril de 2018 houve uma votação que derrubou o veto presidencial, começando a vigorar desde então a nova alíquota de 1,7% para os produtores rurais pessoas jurídicas.

(Lei n. 13.606, de 9 de janeiro de 2018 e Ato Declaratório Executivo CODAC n. 6, de 04 de maio de 2018).

4) Sobre quais operações não há mais incidência do FUNRURAL?

A intenção da norma foi evitar uma "bitributação" na cadeia, retirando a incidência do FUNRURAL sobre as seguintes etapas intermediárias:

- Venda de sementes e mudas, desde que haja registro no MAPA;
- Venda de bois, aves e suínos destinados à reprodução, cria, recria e engorda;
- Venda de animais para utilização como cobaia em pesquisas científicas.

(Lei n. 13.606, de 9 de janeiro de 2018 e Instrução Normativa SERFB n. 1867, de 25 de janeiro de 2019).

5) A não incidência do FUNRURAL sobre essas operações abrange o percentual devido ao SENAR?

Não. Não há nenhuma norma que isente o produtor rural do recolhimento do SENAR sobre esses produtos, logo, o SENAR ainda deverá ser recolhido.

(Lei n. 13.606, de 9 de janeiro de 2018; Instrução Normativa SERFB n. 1867, de 25 de janeiro de 2019; Ato Declaratório Executivo CODAC n. 6, de 04 de maio de 2018 e Lei n. 9.528, de 10 de dezembro de 1997).

6) A pessoa jurídica adquirente de sementes, gado para recria e engorda e mudas precisa efetuar a retenção do FUNRURAL quando comprar de produtor rural pessoa física?

Como não há a incidência do FUNRURAL nesses produtos, a pessoa jurídica compradora de pessoa física não precisará efetuar a retenção do FUNRURAL (1,3%).

Mas, **ATENÇÃO**, o comprador pessoa jurídica deverá seguir efetuando a retenção de 0,2% sobre as aquisições do produtor rural pessoa física referente ao SENAR mesmo que este seja optante pelo recolhimento sobre a folha de pagamento.

(Lei n. 13.606, de 9 de janeiro de 2018; Instrução Normativa SERFB n. 1867, de 25 de janeiro de 2019; Ato Declaratório Executivo CODAC n. 6, de 04 de maio de 2018 e Lei n. 9.528, de 10 de dezembro de 1997).

7) Se eu vender milho para ração de animais, não pago FUNRURAL?

Há a incidência de FUNRURAL sobre o milho destinado à produção de ração e alimentação de animais.

(Lei n. 13.606, de 9 de janeiro de 2018 e Instrução Normativa SERFB n. 1867, de 25 de janeiro de 2019).

8) E sobre a venda da madeira de florestas, há incidência do FUNRURAL?

Sim. Assim como no caso do milho, a venda de madeira também tem incidência do FUNRURAL. Apenas sobre a comercialização das mudas das árvores não haveria a incidência.

(Lei n. 13.606, de 9 de janeiro de 2018 e Instrução Normativa SERFB n. 1.867, de 25 de janeiro de 2019).

9) Como funciona a opção pela contribuição do FUNRURAL pela folha de pagamento?

O contribuinte que optar pela contribuição sobre a folha de pagamento deverá formalizar a opção na primeira contribuição do ano.

Logo, a opção será feita na DCTFWeb ou declaração acessória equivalente à época. Ela vale para todo o ano-calendário, podendo ser alterada a cada novo início de ano.

(Lei n. 13.606, de 9 de janeiro de 2018; Lei n. 9.528, de 10 de dezembro de 1997; Instrução Normativa SERFB n. 1867, de 25 de janeiro de 2019; Ato

Declaratório Executivo CODAC n. 1, de 28 de janeiro de 2019 e Instrução Normativa RFB n. 2005, de 29 de janeiro de 2021).

10) Se eu quiser optar pelo recolhimento sobre a folha de pagamento para determinado ano, tenho até que data para formalizar a opção?

A forma de recolhimento anual deve ser definida antes da realização da primeira venda de produção rural e formalizada junto à RFB até a data de vencimento do prazo de envio da DCTFWeb de janeiro, no dia 15 de fevereiro. Caso a atividade rural seja iniciada no decorrer do ano, o prazo limite é o dia 15 do mês seguinte ao de início das atividades.

(Lei n. 13.606, de 9 de janeiro de 2018; Lei n. 9.528, de 10 de dezembro de 1997; Instrução Normativa SERFB n. 1.867, de 25 de janeiro de 2019; Ato Declaratório Executivo CODAC n. 1, de 28 de janeiro de 2019 e Instrução Normativa RFB n. 2005, de 29 de janeiro de 2021).

11) O produtor rural pessoa jurídica também poderá aderir ao recolhimento sobre a folha de pagamento?

Sim. A Lei n. 13.606/18 trouxe a opção para produtores rurais pessoas físicas e pessoas jurídicas.

(Lei n. 13.606, de 9 de janeiro de 2018; Lei n. 9.528, de 10 de dezembro de 1997; Instrução Normativa SERFB n. 1.867, de 25 de janeiro de 2019 e Ato Declaratório Executivo CODAC n. 1, de 28 de janeiro de 2019).

12) A empresa que compra produção rural de pessoa física optante pelo recolhimento sobre a folha de pagamento, deverá seguir efetuando a retenção do FUNRURAL?

Não. O produtor rural deverá enviar uma carta ao adquirente da produção informando-o que optou pela modalidade de recolhimento sobre a folha de pagamento.

O modelo de carta está disponível no Anexo V da IN 1.867/19[1].

---

[1] Disponível em: http://normas.receita.fazenda.gov.br/sijut2consulta/anexoOutros.action?idArquivoBinario=51138. Acesso em: 06 nov. 2021.

> **Dica importante**
>
> O adquirente deverá reter 0,2% referente ao SENAR sobre as notas emitidas mesmo que o produtor rural pessoa física tenha optado pela modalidade da folha de pagamento.
> (Lei n. 13.606, de 9 de janeiro de 2018; Lei n. 9.528, de 10 de dezembro de 1997; Instrução Normativa SERFB n. 1.867, de 25 de janeiro de 2019; Ato Declaratório Executivo CODAC n. 1, de 28 de janeiro de 2019 e nota oficial do SENAR de 29 de janeiro de 2018).

13) A opção pela folha de pagamento é feita por área explorada (CAEPF/CEI) ou por contribuinte (CPF)?

Embora a GFIP fosse transmitida por matrícula CEI/CAEPF, a IN 1.867/19 trouxe o esclarecimento de uma dúvida causada pela omissão da lei, dispondo que, tratando-se de pessoa física, a opção abrange todos os imóveis em que esta exerça atividade rural, ou seja, a opção é por CPF. O mesmo segue valendo com a implementação da DCTFWeb, que substituiu a GFIP a partir do mês de outubro de 2021.

Assim, não há a possibilidade de, por exemplo, um mesmo contribuinte em um CAEPF de produção de gado que tenha uma folha de pagamento pequena optar pela contribuição sobre a folha e em outro de fruticultura, com um maior volume de empregados, optar pelo faturamento.

(Lei n. 13.606, de 9 de janeiro de 2018; Lei n. 9.528, de 10 de dezembro de 1997; Instrução Normativa SERFB n. 1.867, de 25 de janeiro de 2019; Ato Declaratório Executivo CODAC n. 1, de 28 de janeiro de 2019 e Instrução Normativa RFB n. 2005, de 29 de janeiro de 2021).

14) Qual é a opção mais vantajosa, folha de pagamento ou faturamento?

Cada caso é um caso. Não é um cálculo meramente matemático, mas que envolve a elaboração de um planejamento tributário complexo, levando em consideração o número de funcionários, valor da folha de pagamento, a previsão de receitas e até os serviços prestados por autônomos.

(Lei n. 13.606, de 9 de janeiro de 2018; Lei n. 9.528, de 10 de dezembro de 1997; Instrução Normativa SERFB n. 1.867, de 25 de janeiro de 2019 e Ato Declaratório Executivo CODAC n. 1, de 28 de janeiro de 2019).

15) Como fica a contribuição para o FUNRURAL no caso das exportações?

A Constituição Federal já previa a imunidade das contribuições sociais, das quais faz parte o FUNRURAL, para as exportações em seu artigo 149, § 2º.

No entanto, a Receita Federal entendia, por causa da IN 971, artigo 170, que essa imunidade só se enquadraria para o caso das exportações feitas diretamente pelo produtor. Logo, se o produtor exportasse via *trading company* ou com outra empresa intermediando essa exportação, o que é chamado de exportação indireta, teria que pagar o FUNRURAL. Sob a alegação de inconstitucionalidade da IN, visto que ia além do que previa a Constituição, discussões judiciais e administrativas sobre o tema estenderam-se por anos, até que, em 2020, o STF fixou o entendimento de que, assim como na exportação direta, a receita decorrente de exportação indireta é imune de tributação.

(Ação Direta de Inconstitucionalidade [ADI] 4.735 e Recurso Extraordinário [RE] 759.244).

2.4 ICMS

O imposto sobre operações relativas à circulação de mercadorias e sobre prestações de serviços de transporte interestadual e intermunicipal e de comunicação – ICMS – está previsto no artigo 155, § 2º, da Constituição Federal e é regulamentado pela Lei Complementar Federal n. 87 de 13 de setembro de 1996. No entanto, como é de competência dos estados e do Distrito Federal, é instituído e normatizado por suas respectivas leis e regulamentos estaduais.

Toda a circulação de mercadorias tem a incidência de ICMS, logo, o produtor rural, mesmo que pessoa física, também está sujeito ao pagamento. Entretanto, na maioria dos estados existem benefícios fiscais, como diferimento, crédito presumido, redução de base de cálculo e até isenção para produtos e/ou produtores rurais, fazendo com que, na prática, possa não haver o efetivo recolhimento por parte do produtor. Todavia, cada estado tem suas particularidades, as quais devem ser atentamente observadas.

O benefício ou simplificação mais comum é o diferimento do ICMS, que é uma espécie de substituição tributária regressiva, em que o recolhimento do imposto fica para a etapa posterior, que é definida pelo respectivo regulamento estadual do ICMS. Logo, o pagamento do imposto fica diferido, adiado, para o momento em que a indústria ou comércio que tenha adquirido o produto do produtor rural efetue a venda dele, sendo a responsabilidade do pagamento do imposto transferida do produtor para o adquirente da mercadoria.

Como exemplo, no caso do Rio Grande do Sul, o RICMS/RS, Decreto n. 37.699/97, prevê o diferimento do imposto em todas as saídas internas de mercadorias de produção própria, de pessoas físicas ou jurídicas, efetuadas por produtor a outro produtor ou, ainda, a estabelecimento industrial, comercial ou de cooperativa.

Esses diferimentos costumam ser concedidos apenas nas operações internas, ou seja, aquelas realizadas dentro do próprio estado. Nas vendas interestaduais, é preciso pesquisar em relação a cada situação e/ou produto, se existem benefícios, como a redução de base de cálculo ou crédito presumido na legislação estadual vigente à época.

No estado de Minas Gerais há um tratamento diferenciado concedido aos produtores rurais pessoa física. O Regulamento do ICMS de Minas Gerais, Decreto n. 43.080/02, garante a isenção de ICMS para os produtores constituídos sob a forma de pessoa física no Anexo IX, Parte 1, Capítulo LXII, art. 459. Embora seja isento, o produtor deve estar atento aos programas especiais, como incentivo para produtores de leite, ressarcimento de crédito presumido para produtores de café, entre outros.

Atenção também para as possibilidades de aproveitamento de crédito de ICMS nos respectivos regulamentos. Ainda em Minas Gerais, se o produtor quiser aproveitar créditos, deve solicitar o enquadramento como "débito e crédito" junto à fazenda, renunciando ao regime especial que garante a isenção para as pessoas físicas. Também no estado do Mato Grosso, para se beneficiar do diferimento do imposto, o produtor precisa renunciar ao direito de aproveitamento de créditos. Logo, percebendo ser mais vantajoso aproveitar tais créditos, não poderá optar pelo diferimento ou, já sendo optante, deve renunciar. Ainda no tema do aproveitamento de créditos, no estado de São Paulo a legislação permite o aproveitamento de créditos de ICMS para a aquisição de máquinas e implementos agrícolas, insumos agropecuários e embalagens, além de combustível, energia elétrica, sacarias, materiais de embalagem, entre outros itens específicos.

Mais um ponto relevante é sobre as exportações. Nesse caso, o artigo 3º da Lei Complementar n. 87/96 prevê a não-incidência de ICMS tanto na exportação feita diretamente pelo produtor, quanto naquelas vendas efetuadas com fim específico para exportação para empresas comerciais exportadoras ou *tradings*. Logo, não há recolhimento de ICMS nas vendas para o exterior. No entanto, com o aumento expressivo das exportações de *commodities*, visando um aumento de arrecadação, estados como Mato Grosso, Mato Grosso do Sul, Pará e Piauí têm colocado algumas condições, como a adesão a regimes especiais para que se possa exportar a produção. Atenção a essas condições. No Mato Grosso do Sul, por exemplo, o regime especial dispõe que, a cada tonelada de soja ou milho exportada, uma tonelada tem que ser vendida no mercado interno. Por essa lógica, apenas 50% da produção total desses grãos no estado poderia ser exportada (Decreto n. 11.803/05, art. 4º, I, "d"). Em 2020, a Secretaria de Estado da Fazenda do MS, devido à pandemia da COVID-19, acatou um pedido formalizado pela Federação da Agricultura e Pecuária de Mato

Grosso do Sul (FAMASUL), flexibilizando essa equivalência entre a produção vendida no mercado interno e externo, porém, apenas para a soja, condicionando a renovações automáticas dos termos e por prazo determinado, até o final do próprio ano de 2020.

Enfim, trago apenas exemplos para a contextualização e compreensão de algumas possibilidades dentro do tema. Não é o objetivo desse livro adentrar a fundo no ICMS devido às especificidades das legislações de cada estado. O importante é saber que existem diversos benefícios fiscais, regimes especiais e que o produtor rural e/ou os profissionais que o amparam, têm que estar sempre atentos às particularidades e mudanças na legislação estadual, consultando-a a cada venda de produção.

2.5 Livro Caixa Digital do Produtor Rural (LCDPR)

Já compreendemos até aqui os aspectos básicos do imposto de renda, o que é, quem está obrigado e como é calculado, o ganho de capital na venda de imóveis, quais os modelos de exploração possíveis. Passamos pelos principais pontos de dúvidas e mitos, expostos em situações hipotéticas, visando ajudar a evitar erros na hora de declarar, até chegar no ponto principal: o produtor precisa participar da confecção do imposto de renda para fazer uma gestão tributária eficaz e garantir a qualidade das informações prestadas. O impacto monetário de um erro, como visto, pode ser pesado e os órgãos fiscalizadores estão aprimorando cada vez mais os mecanismos para encontrar essas inconsistências. Falando nisso, veremos agora a maior inovação da história da tributação dos produtores rurais na pessoa física e que também será uma nova arma da fiscalização, o Livro Caixa Digital do Produtor Rural.

2.5.1 O que é o LCDPR?

Como abordamos, o resultado da atividade rural deve ser apurado através da escrituração em livro caixa das receitas, despesas e investimentos. No entanto, para os fatos ocorridos até 2018, esse livro era em papel. A partir de 2019, foi instituído o livro caixa da atividade rural em formato digital, o qual deve ser transmitido eletronicamente para a Receita Federal até o último dia do prazo para a entrega da declaração de imposto de renda.

2.5.2 Quem está obrigado a transmitir esses dados?

O início da obrigatoriedade de confecção e transmissão do LCDPR se deu para o produtor rural pessoa física que, em 2019, atingiu um faturamento bruto a partir de R$ 7,2 milhões. Já a partir de 2020 em diante, a obrigação começou a abranger um número maior de produtores, atingindo os que obtiverem receita bruta da atividade rural a partir de R$ 4,8 milhões de reais.

2.5.3 Principais dúvidas sobre o LCDPR

1) Quais os dados que serão informados no livro?

Serão informados no LCDPR, além dos dados cadastrais do contribuinte e dos lançamentos de despesas e receitas da atividade rural, cadastros dos imóveis, como CAFIR, CAEPF, Inscrição Estadual, contratos de exploração, como arrendamento, parceria, condomínio e comodato e contas bancárias relacionadas à atividade rural. Também será informada a forma de apuração do resultado da atividade (resultado ou 20% da receita bruta). Não serão informados no livro, por exemplo, dados relativos a prejuízos acumulados.

2) Em caso de parceria ou condomínio, haverá a obrigatoriedade de apenas um LCDPR?

A obrigatoriedade do LCDPR é por CPF. Logo, no caso de condomínio ou parceria e também de exploração comum ao casal, cada um dos participantes deverá entregar seu respectivo LCDPR se atingir a receita bruta de R$ 4,8 milhões no resultado da atividade rural da declaração de imposto de renda.

3) É necessário lançar toda a movimentação bancária?

Esse ponto causa dúvida porque, na primeira versão do leiaute do LCDPR, havia a obrigatoriedade de lançamento de toda movimentação bancária. Inclusive, havia uma conta para lançamento de "despesas não dedutíveis". Porém, nos leiautes seguintes excluiu-se essa conta e, hoje, só devem ser informados no LCDPR receitas e despesas dedutíveis concernentes à atividade rural. Quanto às contas bancárias, serão informadas no cadastro todas aquelas utilizadas na atividade rural.

4) Como informar um investimento feito com financiamento bancário?

Como visto nas "Principais dúvidas" do imposto de renda, investimentos com bens da atividade rural como máquinas e implementos adquiridos através de financiamento bancário entram como despesa da atividade rural no ano em que o bem foi recebido e pela totalidade do valor do bem. Na prática, é como se a instituição financeira emprestasse o dinheiro ao produtor rural e esse então comprasse o bem à vista. Mas, em caso de o valor não transitar pela conta corrente do produtor e o banco efetuar o pagamento diretamente ao fornecedor, o valor dessa "despesa" deverá ser informado na conta "999 – numerários em trânsito".

5) Pagamento antecipado de insumos: qual a data que devo utilizar? Do pagamento (regime de caixa) ou do recebimento do insumo (exceção ao regime de caixa)?

A legislação do imposto de renda, no quesito "adiantamento", não é tão clara quando se refere ao pagamento antecipado quanto é na questão do adiantamento de receita. No entanto, o entendimento da Receita Federal, expresso na seção de perguntas e respostas do IRPF, baseia-se, por analogia, nos dispositivos sobre o adiantamento de receita e consórcios não contemplados.

Assim, o entendimento da Receita Federal é de que, embora o resultado da atividade rural seja apurado por regime de caixa, no caso de pagamento antecipado de um insumo para recebimento futuro a despesa só será considerada no momento em que o insumo for de fato recebido. Logo, se paguei um insumo em 2022, mas receberei em 2023, essa despesa só irá constar no meu LCDPR do ano-calendário 2023 que será entregue em 2024. Corroborando com esse entendimento, o manual de perguntas e respostas do LCDPR, também elaborado pela Receita Federal, em sua primeira versão, trouxe a forma como se dava o lançamento dessa operação. As notas de simples remessa que acompanham a entrega dos insumos devem ser lançadas como despesa da atividade rural. A nota fiscal de venda para entrega futura, que é emitida no momento do efetivo pagamento, só será mencionada no histórico do lançamento e não irá compor o resultado da atividade rural, tendo caráter apenas informativo.

6) Na opção pelo resultado presumido (20% da receita bruta) é necessário efetuar o lançamento as despesas?

A opção pelo resultado presumido não exclui a necessidade de lançamento e comprovação através de documentos idôneos das despesas da atividade. O não lançamento das despesas acarretaria um resultado da atividade rural maior, levando a uma "origem fiscal" na declaração de imposto de renda em desacordo com a realidade.

7) Preciso informar individualmente cada nota fiscal ou posso categorizar e efetuar um único lançamento por tipo de despesa?

A única previsão de lançamento coletivo é para a folha de pagamento, ou seja, é possível somar o valor total da folha e informar em um único lançamento. Nesse caso, ao invés de ser informado o CPF de cada colaborador, será informado no lançamento o CPF do próprio produtor declarante do LCDPR. Todas as demais movimentações, obrigatoriamente, deverão ser individualizadas, nota por nota.

8) **Como informar as movimentações das contas bancárias de parceria e/ou condomínio rural?**

    Mesmo que as contas bancárias da parceria/condomínio figurem na instituição bancária sob a titularidade de apenas um dos parceiros ou condôminos, havendo um documento que comprove que a conta utilizada para exploração da atividade rural da parceria/condomínio pertence a todos os membros, essa conta poderá ser cadastrada com o devido percentual de cada um nos seus respectivos LCDPR.

9) **O resultado do LCDPR será sempre igual ao informado na declaração do imposto de renda?**

    Curiosamente, existe um caso em que haverá diferença entre o resultado do LCDPR e o informado no imposto de renda: quando há dependentes na declaração que exploram a atividade rural. Como o limite deve ser observado individualmente, se o dependente não está obrigado a informar o LCDPR e o titular da declaração está, o titular transmitirá o LCDPR contendo apenas a movimentação do seu CPF. Já na declaração de imposto de renda, a movimentação do dependente deverá ser somada à movimentação do titular no resultado da atividade rural. Nesse caso, a movimentação do LCDPR estará diferente da constante na declaração do imposto de renda do titular, mas em conformidade com a legislação e entendimento da Receita Federal.

10) **Se eu tenho uma parceria em que um dos membros é uma pessoa jurídica, ela também deve enviar o LCDPR?**

    No caso de parceria entre uma pessoa física e uma pessoa jurídica, a pessoa física terá que confeccionar um LCDPR com a movimentação referente ao percentual do seu CPF. Quanto ao limite de R$ 4,8 milhões para a obrigatoriedade de entrega, também será considerada apenas a receita bruta relativa ao percentual do CPF. O percentual pertencente à pessoa jurídica não constará em LCDPR, será tributada de acordo com as normas e regimes específicos das pessoas jurídicas e informada nas respectivas obrigações acessórias de cada regime.

2.5.4 Principais impactos do LCDPR nos negócios rurais

1) **Aumento efetivo da fiscalização:** a confecção e guarda do livro caixa já era prevista na legislação do imposto de renda. A grande mudança é que, agora, o Fisco não precisará solicitar o livro ao produtor em uma eventual fiscalização, pois ele já estará à disposição por meio digital. Nessa fiscalização, itens informados em desacordo com outras declarações e cadastros podem chamar a atenção e resultar em sanções para o produtor.

> **Dica importante**
> Atenção redobrada com as informações prestadas no LCDPR, assegurando-se que estão de acordo com contratos, declaração de imposto de renda e ITR, e-social, cadastros etc. Não basta cumprir a obrigação, os dados informados precisam ter qualidade.

2) **Informação da origem e aplicação dos recursos:** o imposto de renda, salvo exceções, é amparado pelo regime de caixa, ou seja, as receitas e despesas entram no computo do resultado da atividade rural no momento em que são recebidas e pagas, independente da data de emissão da nota fiscal. Ligado a isso, por se tratar de uma movimentação de pessoa física, a conta bancária do produtor pode conter movimentações particulares além da movimentação do negócio. Esses fatos já eram suficientes para que o produtor rural necessitasse conciliar o extrato bancário com as notas fiscais. No entanto, a informação de qual conta bancária saiu ou entrou o dinheiro não era necessária. Com o LCDPR, para cada nota fiscal deverá ser informado de que conta bancária saiu ou entrou o valor ou então se o recebimento/pagamento foi com dinheiro em espécie, via caixa.

> **Atenção!**
> A partir de 2018, todo recebimento em espécie a partir de R$ 30 mil deve ser informado ao Fisco por meio de outra declaração acessória, a Declaração de operações liquidadas com Moeda em Espécie (DME). Logo, se o recurso não entrou ou saiu de um banco, deverá estar amparado por uma DME na maioria dos casos. Lembrando que o não envio e/ou atraso na declaração está sujeito a multa.

> **Dica importante**
> Separar a conta da fazenda da conta das despesas pessoais, além de auxiliar na profissionalização e transparência do negócio, facilita na geração do LCDPR.

3) **Contratos de exploração da atividade rural:** na atividade rural, é permitida a exploração em conjunto com outros produtores. Entretanto, para explorar a atividade em mais de um CPF, cada participação deve estar documentada em um contrato de exploração, seja ele de parceria, arrendamento, comodato, condomínio ou até de casamento no caso de exploração comum ao casal. Como haverá um campo específico de "cadastro de terceiros" na exploração, essas informações constarão no LCDPR e poderão ser confrontadas com a declaração de imposto de renda. Em caso de contrato de arrendamento, por exemplo, a informação deverá constar no campo de "Recebimentos" da declaração de imposto de renda do arrendador e no campo de "Pagamentos efetuados" na declaração do arrendatário.

> **Dica importante**
> Um contrato de exploração bem elaborado, além de evitar problemas com o Fisco, traz segurança à relação da família com o negócio e também junto aos terceiros envolvidos.

4) **Informações previdenciárias:** o LCDPR conterá as informações do Cadastro das Atividades Econômicas das Pessoas Físicas (CAEF), que substituiu a matrícula CEI, onde estão vinculados os funcionários da pessoa física. Além disso, todo pagamento efetuado aos funcionários deverá constar no livro caixa com a respectiva conta bancária de origem ou, então, quando feito por caixa, amparado por uma DME. Desta forma, o cruzamento entre informações previdenciárias declaradas e efetivamente pagas ao funcionário será facilitado, permitindo a identificação de possíveis inconsistências com maior agilidade.

> **Dica importante**
> A análise de conformidade da folha de pagamento e departamento pessoal deve ser considerada para atestar se os procedimentos estão de acordo com a legislação atual. A nova legislação previdenciária trouxe flexibilização da carga horária e novas possibilidades de contratos que podem se encaixar, ou não, com a sua realidade.

5) Software para geração do LCDPR: a Receita Federal disponibiliza, e seguirá disponibilizando para aqueles que não estão obrigados ao LCDPR, um aplicativo para lançamento das informações para o livro caixa do produtor rural, o qual é opcional, podendo o contribuinte optar por outro software de sua preferência. No entanto, para a confecção do LCDPR, não será disponibilizada uma ferramenta por parte da Receita Federal. Dadas as particularidades como a exploração em parceria e condomínio, conciliação bancária e prazo curto para transmissão, saber se o seu software está atendendo bem o caso específico do seu negócio é fundamental para evitar transtornos na hora da transmissão do arquivo.

Dica importante

Ateste-se de que o software utilizado atende as particularidades do seu negócio, ou então avalie juntamente com o seu contador a aquisição de um novo software que atenda plenamente a obrigação.

Considerações Finais

Muito se fala na necessidade do aprimoramento dos controles gerenciais por parte dos produtores rurais, o que é, de fato, de suma importância para a profissionalização e crescimento do negócio rural. O resultado da fazenda precisa ser medido para ser mantido ou melhorado, para auferir a capacidade técnica dos colaboradores, estipular metas, bônus e até para prestação de contas para familiares/sócios que não estão no dia a dia da atividade. Mas, o que as vezes passa despercebido é que a parte tributária do negócio também é integrante da gestão de custos, impacta no resultado e deve ser gerenciada, monitorada e controlada, fornecendo mais um indicador a ser analisado pelo gestor nas tomadas de decisão, sejam elas estratégicas ou táticas.

Sob a ótica gerencial, como a tributação do imposto de renda da atividade rural das pessoas físicas é limitada em 20% da receita bruta, e a alíquota máxima é de 27,5%, vimos que o valor máximo que poderá se pagar de imposto de renda é de 5,5% sobre a receita bruta ou 27,5% sobre o resultado. Sendo a receita bruta mais fácil de mensurar do que o resultado, que depende de um acompanhamento mais crítico de projeções de despesas, pode-se fazer uma provisão de que em cada nota fiscal emitida, 5,5% é o valor de imposto de renda que se pagará no ano seguinte. Essa previsão evita surpresas, preparando o fluxo de caixa e fornecendo um indicador de imposto a pagar nos relatórios de resultado e, caso em abril o imposto seja menor do que o projetado (o que ocorrerá na maioria dos casos), sobrará mais dinheiro do que o previsto e não o contrário.

Essa provisão é um ótimo mecanismo de controle da tributação, mas por ser uma previsão conservadora, deve ser vista como um primeiro passo para a gestão mais fina dos números. Resolve na questão gerencial do negócio, mas ainda não dá subsídios para redução de carga tributária e o consequente aumento de margem líquida. É eficaz em um ambiente de margens altas, mas perde um pouco da eficiência em um cenário mais competitivo, em que o controle necessita ser mais preciso.

Para a evolução da gestão tributária, ou seja, o segundo passo, o produtor precisa acompanhar o resultado fiscal mais a fundo para saber o quanto realmente está pagando de imposto de renda, porque o cálculo é extremamente complexo. Além de ter alíquotas que variam de 0 a 27,5% de acordo com as faixas de resultados, ainda possui variáveis como deduções de despesas médicas e educação, desconto simplificado, parcela a deduzir, tributação sobre o resultado ou 20% da receita bruta. Soma-se a isso as interpretações de operações que podem ser dedutíveis para o imposto de renda sem ainda ter saído o dinheiro do caixa ou aquelas em que sai o dinheiro, diminuindo o resultado real, mas que por não serem dedutíveis perante a legislação, não diminuem o imposto a pagar. Em suma: o resultado fiscal, aquele para fins de imposto de renda, diverge do resultado real e também do fluxo de caixa, fazendo com que, em alguns casos, independente de se ter ou não dinheiro sobrando, o contribuinte se depare com um alto imposto a pagar em abril do ano seguinte.

Mas o que é, de fato, a gestão tributária e como se dá a implementação? Isso precisa ser fixado. A gestão tributária nada mais é do que o acompanhamento dos números de imposto de renda durante todo o decorrer do ano. A sua implementação depende apenas de uma mudança de mentalidade do produtor, incluindo-a na rotina da gestão e compreendendo que essa mudança pode maximizar os resultados e garantir a segurança do negócio. Em outras palavras, visualizando que esse tempo gasto se transforma em investimento ao longo do tempo.

Um ponto a esclarecer é que, quando se fala em gestão tributária na pessoa física, foca-se muito no imposto de renda, justamente por ser de mais difícil mensuração e também por ter mecanismos que possibilitam a economia tributária dentro do próprio ano. Já o outro imposto incidente para o produtor, o FUNRURAL, com a possibilidade de contribuição sobre a folha de pagamento ou sobre a receita bruta, não deve ser ignorado, mas exige muito mais um planejamento prévio do que um acompanhamento mensal, visto que a opção se consolida em fevereiro e vale para todo o ano, sem a possibilidade de mudança de rumos. No caso do ICMS, cada operação deve ser analisada individualmente. Vimos que existem benefícios particulares em cada estado, de acordo com o produto e para cada tipo de saída de mercadorias. Em suma, a cada venda deve-se analisar o ICMS, de novembro a janeiro é a hora de planejar o recolhimento do FUNRURAL, ao passo que, quanto ao imposto de renda, o acompanhamento deve ser feito de janeiro a dezembro.

Em relação ao imposto de renda, podemos classificar os produtores rurais em três grupos distintos de mentalidade, que se intensificam principalmente em época de final de ano e/ou de preços altos para a venda de produção:
- Aquele que vende toda a produção e deixa para o contador resolver o imposto de renda em abril;
- O que morre de medo do imposto de renda e vira o ano com o produto em estoque para não pagar imposto, sem consultar o contador;
- O que acompanha mensalmente os números do negócio junto ao contador, sabe o impacto tributário das vendas e toma a decisão com todos os elementos possíveis em mãos.

Nota-se, claro, que o terceiro perfil é o ideal e, quem está nessa fase, possui uma gestão tributária eficaz. É um perfil que faz o "meio termo" entre os demais: não perde preços bons e não tem medo do leão, pois todas as decisões tributárias são tomadas com base em números, da mesma forma que as decisões do dia a dia do negócio são tomadas com a ajuda de ferramentas gerenciais, como o fluxo de caixa, por exemplo.

E por falar em fluxo de caixa, ferramenta primordial no dia a dia do gestor, o produtor que se encaixa no segundo perfil precisa possuir esse controle gerencial muito bem elaborado. Para tomar a decisão de virar o ano com produto em estoque, devem ser muito bem avaliados tanto o fluxo de caixa projetado, verificando se não faltará dinheiro, quanto os fluxos passados, para que se tenha uma ideia da média histórica de preços. Caso contrário, pode acontecer de se perder uma ótima venda e, logo depois, faltar dinheiro em caixa, necessitando contrair um financiamento bancário, pagando-se juros que, somados ao dinheiro que se deixou de ganhar com a venda em alta, pode representar uma perda até maior do que o imposto de renda que se pensou economizar.

Já no caso do primeiro perfil, vendendo sem consultar o contador, nem analisando os números fiscais ou as ferramentas gerenciais, a chance de se ter um imposto alto a pagar em abril é grande e, virado o ano, não há mais nenhuma estratégia lícita para a redução do imposto de renda a pagar.

Claro que nenhum dos perfis está errado e todo produtor tem a opção de não querer se envolver com a parte tributária, seja por não ter o interesse no assunto ou por ter algum contador de confiança que possui toda a técnica e conhecimento necessários.

No entanto, o produtor precisa estar ciente dos benefícios de ser parte ativa da gestão tributária e dos possíveis riscos em caso de uma terceirização total da tarefa. A maior vantagem é a possibilidade de redução da carga tributária e aumento da segurança das informações prestadas ao Fisco. Por quê? Porque ninguém sabe mais do negócio do que o próprio produtor. Uma nota fiscal enviada para a contabilidade é apenas um documento. Já o produtor sabe exatamente como, quando, onde e sob quais condições foi aplicado ou recebido tal recurso, facilitando interpretações que reduzam a carga tributária e minimizando a chance de erros.

Nesse quesito da segurança, é fundamental que o produtor conheça os mecanismos que a RFB possui para encontrar irregularidades, seja por erro ou sonegação de informações. Lembrando que, da mesma forma que os produtores estão aperfeiçoando estratégias e investindo em softwares para aumentar a lucratividade, a RFB aprimora cada dia mais mecanismos para o aumento e controle da arrecadação. Da implementação da nota fiscal eletrônica até o LCDPR, que é a última e maior inovação em termos de fiscalização do agronegócio, são diversas as declarações acessórias que os contribuintes devem prestar ao Fisco. Nessas declarações, os bancos informam a movimentação bancária do contribuinte, o próprio contribuinte precisa sinalizar quando recebe mais de R$ 30 mil em dinheiro em espécie e todas essas informações disponíveis no banco de dados da Receita são confrontadas automaticamente com a declaração do imposto de renda, fornecendo indicadores para que os auditores possam constatar inconsistências.

E por que ainda há informalidade no setor? Porque falta mão de obra para analisar todos esses dados disponíveis. É humanamente impossível. E é aí que entra a inteligência da Receita Federal do Brasil, comprovada naquele grau de acerto de 91% nos processos de fiscalização evidenciado nos últimos relatórios. Ela eleva a efetividade da fiscalização do imposto de renda e do FUNRURAL por meio de ferramentas como a incrementação dos cruzamentos automáticos de informações e a implementação de mecanismos como o bônus de produtividade dos auditores fiscais e as delegacias de grandes contribuintes.

E, voltando ao plano de fiscalização da Receita Federal, o qual é divulgado em todo começo de ano, estava previsto em 2020, de forma explícita, o cruzamento das notas fiscais eletrônicas das compras e das vendas dos produtores rurais com as declarações de imposto de renda para a identificação de possíveis omissões de receitas e/ou despesas fictícias. Cabe acrescentar que a implementação da nota eletrônica sempre foi vista como um marco da evolução da fiscalização. Embora ainda não implementada em todos os estados para as vendas efetuadas por produtores rurais, como é o caso do Rio Grande do Sul que tem a obrigatoriedade apenas para algumas operações, as compras de insumos e as notas de entrada ou "contra notas" emitidas pelos compradores da produção rural, que são pessoas jurídicas, já são amparadas pela nota eletrônica e possuem a informação do CPF do produtor. No entanto, fora alguns processos de fiscalização isolados, esse fato era pouco explorado até então por parte da Receita, visto o grande potencial arrecadatório. Por isso tal trecho do plano trazia um alerta importante para o monitoramento do que estava por vir.

Indo para a parte prática, em meados de outubro de 2020, surgiu o reflexo do planejamento estratégico nacional dentro da delegacia regional do Rio Grande do Sul: a consolidação da operação "Declara grãos" em sua segunda fase. A operação começou em 2019, antes mesmo do citado plano nacional, mas com abrangência em uma pequena amostra de produtores do norte do estado do Rio Grande do Sul. Já nessa segunda fase, ampliou os seus esforços focando em quase todos os municípios do estado com duas frentes principais:

- Cruzamento das notas fiscais eletrônicas para verificação de divergência entre valores declarados;
- Arrendamentos não levados à tributação ou tributados erroneamente quando recebidos e aqueles não informados no campo de "pagamentos efetuados" da declaração de imposto de renda da pessoa física quando pagos.

Nesses cruzamentos de informações por meio dos CPFs de produtores rurais constante nas notas fiscais eletrônicas emitidas por pessoas jurídicas, tanto fornecedores, quanto compradores, foram identificados mais de 12 mil contribuintes com irregularidades entre os anos de 2016 a 2019, resultando em uma omissão de receita na casa de R$ 17,8 bilhões.

Para se ter uma ideia do volume de irregularidades encontradas via nota eletrônica, no município de Anta Gorda, no Vale do Taquari, região central do Rio Grande do Sul, 85% dos produtores rurais não declararam o imposto de renda. A segunda maior taxa de omissão também vem da região central, no município de Estrela, 78%. Na região sul, destacam-se os municípios de Canguçu, com 65% de produtores omissos e São Lourenço do Sul, com 61%. Mais ao norte temos os casos de Augusto Pestana, com 62% e de Serafina Corrêa com 67%. Percebam que são taxas surpreendentes, em que mais da metade dos produtores não declarou a atividade rural exercida mesmo estando obrigados nos termos vistos no capítulo sobre o imposto de renda.

Cabe, como ponderação, ressalvar o fato de que as informações da operação são apenas indicadores de irregularidades, que podem se comprovar ou não na análise mais criteriosa de cada um dos casos. Dentro desses percentuais podem estar, por exemplo, parceiros ou condôminos que têm a emissão de notas fiscais centralizada em um ou mais membros, mas que, para fins de imposto de renda, de acordo com a legislação atual, devem dividir os percentuais de acordo com os contratos, independente do CPF constante na nota. Nesse caso, poderia um CPF conter uma grande movimentação em notas, mas não estar obrigado a transmitir a declaração de imposto de renda por, tributariamente, possuir um percentual pequeno da movimentação.

Quanto aos arrendamentos, modalidade de exploração adotada por mais de 16% dos produtores do Rio Grande do Sul, segundo a força-tarefa, foram constatadas mais de 15 mil declarações com inconformidades, com destaque para aquelas operações onde há pagamento/recebimento em produto.

Está aqui no livro, mas pela baixa aplicabilidade por parte da fiscalização, constatada até então por pesquisas jurisprudenciais, pouca gente sabe que na legislação do imposto de renda há a previsão de aplicação da multa de 20% sobre o valor pago de arrendamento se esse pagamento não for informado na declaração. É como um dispositivo para evitar uma sonegação solidária, visto que não declarando o pagamento de um arrendamento, fica mais difícil de encontrar a irregularidade naquele dono da terra que não levou à tributação o rendimento. Ainda, voltando à parte em que tratamos das dúvidas mais comuns sobre o imposto de renda, quando esse pagamento é feito em produto, deve configurar receita da atividade rural para aquele produtor que entrega a produção em pagamento. Já quem recebe um arrendamento em produção não deve declarar a venda do produto como produção própria da atividade rural. O cálculo é mais complexo e oneroso, sendo convertido em reais pela cotação do dia e levado à tributação como aluguel, sujeito a retenção mensal do imposto e à alíquota direta da tabela progressiva de 0 a 27,5%. Ainda mais complexa é a tributação na venda desse produto recebido: dá-se sobre a diferença entre o valor na data do recebimento e da posterior venda, sob a modalidade de "ganho de capital".

No plano plurianual 2020/2021, lançado em agosto de 2021, manteve-se a estratégia prevista no plano anterior. Como reflexo, a operação "Declara grãos" adentrou em sua terceira fase no Rio Grande do sul e, ainda, deu-se continuidade ao plano em âmbito nacional, mais especificamente nos estados do Paraná, Santa Catarina, Minas Gerais e São Paulo.

Em maio de 2021 foi deflagrada, nos estados do Paraná e de Santa Catarina, a operação "Declara agro". A sistemática utilizada foi a mesma, o cruzamento das notas fiscais eletrônicas com os dados informados no imposto de renda. Foram identificados mais de 30 mil contribuintes com indícios de omissão, totalizando um valor na casa dos R$ 20 bilhões em notas fiscais não declaradas entre os anos de 2017 e 2019, visto que, em 2021, o ano de 2016 já havia prescrito e não pode ser alvo da operação nesses estados.

A seguir, um quadro com o número de contribuintes e o valor total em notas não declaradas por município:

Quadro 1 Quantidade de contribuintes × valor total em notas não declaradas por município

Cidade	Quantidade de contribuintes	Total em notas eletrônicas no período (R$)
Curitiba	1.023	832.545.766,94
Londrina	1.844	1.465.014.037,48
Cascavel	8.870	5.581.663.350,66
Ponta Grossa	3.808	2.401.330.167,48
Maringá	2.548	1.584.073.780,06
Florianópolis	2.667	2.512.348.095,09
Joinville	1.628	1.002.813.754,13
Joaçaba	6.997	4.637.739.986,57
Blumenau	1.519	785.833.179,46
Total PR e SC	30.904	20.803.362.117,87

Fonte: CRC/SC, 2021.

A estimativa da Receita Federal é de que o prejuízo para os cofres públicos possa atingir R$ 1 bilhão. Assim como ocorreu no Rio Grande do Sul, ainda haverá uma próxima etapa, focando também nos chamados arrendamentos disfarçados de parceria rural.

Já em Minas Gerais, surgiu em 21 de junho de 2021 a operação denominada "Grão em grão", em que a RFB analisou mais de 80 mil declarações que resultaram em uma omissão de receita da atividade rural na casa dos R$ 7 bilhões. A estimativa do órgão é de que R$ 250 milhões foram deixados de ser recolhidos.

No mês seguinte, em julho de 2021, no Rio Grande do Sul, a citada terceira fase da operação "Declara grãos" ampliou o foco para veículos que foram considerados como despesa da atividade rural nas declarações dos produtores, mas que, de acordo com o órgão, possuem indícios de que não tenham sido utilizados para esse fim.

Ainda, em agosto de 2021, também sob o nome de "Declara grãos", a RFB iniciou o envio de cartas aos contribuintes do estado de São Paulo visando a autorregularização das inconsistências constatadas nas notas eletrônicas.

Com essa complexidade do tema tributário, divergências de interpretação e paradigmas culturais da informalidade da atividade rural, o produtor rural precisa estar atento aos possíveis impactos de uma autuação da Receita Federal nos resultados da fazenda, que deve ser vista como um **NEGÓCIO**, uma **EMPRESA** como qualquer outra, mesmo que sob céu aberto e com as particularidades que só quem está na atividade entende na plenitude.

Sabendo-se que em uma autuação fiscal derivada de um processo como este, comprovada a fraude ou sonegação fiscal, além do imposto que se deixou de recolher, também poderá gerar uma multa de 150% sobre esse valor. Vamos supor que um produtor rural que, em determinado ano, teve um resultado fiscal de R$ 1 milhão utilizou-se de uma omissão de receita ou aumento de despesa para "zerar" esse resultado e fugir do imposto de renda de forma ilícita. Basicamente, esse seria o cálculo do passivo tributário gerado na operação:

Quadro 2   Passivo tributário

Resultado	R$ 1.000.000,00
IRPF sonegado (tabela progressiva anual)	R$ 264.567,68
Multa (150%)	R$ 396.851,52
Passivo tributário	R$ 661.419,20

Nesse exemplo prático, um produtor que pensou estar economizando 27,5% do resultado, acabou comprometendo 66,14% do mesmo.

Por tudo isso que foi apresentado, a profissionalização dos negócios rurais é um caminho sem volta. Essas dicas, exemplos e ferramentas apresentados visam contribuir para que esse caminho seja o menos tortuoso possível e que o produtor rural siga crescendo, de forma sustentável, lembrando sempre que:

- **O QUE FUNCIONOU NO ANO PASSADO** até pode funcionar novamente neste ano, mas **TALVEZ NÃO FUNCIONE NO PRÓXIMO;**
- **TODOS OS RELATÓRIOS E INFORMAÇÕES DERIVAM DOS MESMOS DADOS:** evite o retrabalho;
- **PRODUTIVIDADE X CUSTOS X VENDA:** nem sempre aquele produtor que tem a maior produtividade possível é o que terá o maior lucro! A afirmação também é verdadeira para aquele que obteve o menor custo por hectare da região;
- **O CONTROLE PODE SER SIMPLES, MAS TEM QUE SER EFETIVO**: não adianta tentar controlar detalhadamente e não conseguir obter dados úteis, confiáveis e aplicáveis no dia a dia;

- **PARA UMA BOA GESTÃO E MAIOR PROFISSIONALIZAÇÃO**, o produtor rural precisa enxergar-se como um empresário que, embora a céu aberto, possui uma empresa que, como qualquer outra, **NÃO DEVE PAGAR DESPESAS PARTICULARES DOS SÓCIOS**;
- **DEPRECIAÇÃO:** bens como maquinários e equipamentos da atividade rural são utilizados em mais de uma safra. Sem considerar o desgaste, o resultado é distorcido;
- **A TERRA NUA NÃO DEPRECIA, MAS PODE SER APROVEITADA DE FORMA ALTERNATIVA.** Em uma análise do resultado econômico de uma fazenda, deve ser considerado o **CUSTO DE OPORTUNIDADE**, que nada mais é do que o **CUSTO DAS ESCOLHAS;**
- **GESTÃO ECONÔMICO-FINANCEIRA:** além de controle de caixa, resultado e patrimônio, uma gestão eficaz pode trazer reflexos muito importantes para a profissionalização, harmonia familiar e longevidade do negócio;
- **NENHUM PROFISSIONAL SABE TANTO DO NEGÓCIO QUANTO O PRÓPRIO PRODUTOR RURAL:** possuir acompanhamento tributário especializado mitiga os riscos tributários, mas o próprio produtor rural/gestor precisa estar envolvido no processo para garantir a efetividade;
- **IMPACTOS DA TERCEIRIZAÇÃO DA GESTÃO TRIBUTÁRIA:** o produtor tem o direito de não querer se envolver com a parte tributária, mas precisa estar ciente dos benefícios de ser parte ativa dessa gestão e os possíveis riscos envolvidos em caso de uma terceirização total da tarefa;
- **O IMPOSTO DE RENDA DA PESSOA FÍSICA NÃO COMEÇA EM MARÇO E ABRIL:** os números do negócio devem ser acompanhados todos os meses do ano;
- **FUNRURAL SOBRE A FOLHA DE PAGAMENTO OU FATURAMENTO:** de novembro a janeiro é hora de planejar o recolhimento do FUNRURAL, ao passo que, quanto ao imposto de renda, o acompanhamento deve ser feito de janeiro a dezembro;
- **ICMS:** atentar aos benefícios possíveis em cada estado e encontrar as melhores saídas para cada produto e tipo de operação de mercadorias;
- **ATENÇÃO NA VENDA DE FAZENDAS:** antes de vender um imóvel rural ou urbano, é preciso simular o valor de imposto incidente. No caso de imóveis rurais, até a data da venda pode interferir no resultado;
- **O PLANEJAMENTO TRIBUTÁRIO NÃO É UM PASSE DE MÁGICA:** não basta planejar, estruturar um modelo de exploração potencialmente eficiente do ponto de vista tributário se não houver uma gestão tributária eficaz para que os números não fujam do controle;

- **PLANEJAMENTO TRIBUTÁRIO VÁLIDO:** ninguém é obrigado a pagar mais imposto do que a lei determina. No entanto, nenhum planejamento que busque apenas a redução de imposto é considerado válido. É preciso haver um propósito negocial, uma razão que justifique a existência de determinada operação;
- **PARCERIA RURAL X ARRENDAMENTO:** quando não comprovado o risco, independente do nome do contrato, a relação é caracterizada como ARRENDAMENTO;
- **A ESCRITURAÇÃO DO LIVRO CAIXA PARA AS PESSOAS FÍSICAS NÃO É UMA INOVAÇÃO:** a inovação está no formato digital e por isso não basta somente cumprir a nova obrigação, deve-se cumprir com qualidade;
- **A GESTÃO TRIBUTÁRIA TAMBÉM É GESTÃO DE CUSTOS E AJUDA NO FLUXO DE CAIXA:** a provisão de impostos deve ser considerada nos relatórios gerenciais e o aprimoramento da gestão tributária pode trazer segurança e aumentar a rentabilidade do negócio.

Bibliografia

ANCELES, Pedro Einstein dos Santos. **Manual de Tributos da Atividade Rural.** 2. ed. São Paulo: Editora Atlas, 2002 (rev. e atual.).

ARBAGE, Alessandro Porporatti. **Fundamentos de Economia Rural.** 2. ed. Chapecó: Argos, 2012.

BARBOSA, Jairo Silveira. **Administração Rural a Nível de Fazendeiro.** 3. ed. São Paulo: Nobel, 1983.

BARROS, Wellington Pacheco. **Curso de Direito Agrário.** 9. ed. Porto Alegre: Livraria do Advogado Editora, 2015 (rev. e atual.).

BERNHOEFT, Renato. **Empresa Familiar:** Sucessão Profissionalizada ou Sobrevivência Comprometida. 2. ed. São Paulo: Nobel, 1989.

BORBA, Bruna Estima. **Imposto de Renda das Pessoas Físicas.** Rio de Janeiro: Forense, 2009.

BRASIL. Constituição da República Federativa do Brasil, 1988. **Portal Oficial da Presidência da República Federativa do Brasil**, Brasília, DF. Disponível em: http://www.planalto.gov.br/ccivil_03/constituicao/constituicao.htm. Acesso em: 3 out. 2020.

CALLADO, Antônio André Cunha. **Agronegócio.** 4. ed. São Paulo: Editora Atlas, 2015.

CARDOSO, Hugo Monteiro da Cunha. "A Operação 'Declara Grãos' Comprova a Evolução da Fiscalização da Receita Federal no Agronegócio". **Blog da Gestão Rural**. Disponível em: https://hugomonteirodacunha.wordpress.com/2020/10/22/a-operacao-declara-graos-comprova-a-evolucao-da-fiscalizacao-da-receita-federal-no-agronegocio. Acesso em: 19 nov. 2020.

_____. "DECLARA AGRO: Nova Operação da Receita Federal Chega a SC e PR". **Blog da Gestão Rural**. Disponível em: https://hugomonteirodacunha.wordpress.com/2021/05/07/declara-agro-nova-operacao-da-receita-federal-chega-a-sc-e-pr. Acesso em: 9 ago. 2021.

CARNEIRO, Antônio Dimas Cruz. **Arrendamento e Parceria Rural nos Tribunais**. São Paulo: Saraiva, 1984.

CARRILHO, Eros Santos. **Elisão Fiscal e o Parágrafo Único do Art. 116 do CTN:** Simulação, Fraude à Lei, Abuso de Direito, Negócio Jurídico Indireto e Negócio Jurídico Sem Causa. Brasília: Gazeta, 2014.

CASTRO, Leonardo Freitas de Moraes. **Planejamento Tributário:** Análise de Casos. III. São Paulo: MP Editora, 2013.

CHIEREGATO, Renato; OLIVEIRA, Luís Martins de; SOUZA, Ailton Fernando de; ARIEDE, Marcia Souza Nascimento. **Controle Tributário para Administradores e Contadores**. São Paulo: Atlas, 2016.

CREPALDI, Silvio Aparecido. **Contabilidade Rural**. 8. ed. São Paulo: Atlas, 2016.

CONSELHO REGIONAL DE CONTABILIDADE DO ESTADO DE SANTA CATARINA (CRC/SC). "Receita Federal Combate Sonegação de Imposto de Renda na Atividade Rural no PR e SC". **CRC/SC**, 6 de maio de 2021. Disponível em: http://www.crcsc.org.br/noticia/view/8456/receita-federal-combate-sonegacao-de-imposto-de-renda-na-atividade-rural-no-pr-e-sc. Acesso em: 25 nov. 2021.

DECRETO n. 9.580, de regulamentação a tributação, fiscalização, arrecadação e administração do imposto sobre a renda e proventos de qualquer natureza, de 22 de novembro de 2018 (RIR/18). **Portal Oficial da Presidência da República Federativa do Brasil,** Brasília, DF. Disponível em: http://www.planalto.gov.br/ccivil_03/decreto/d3000.htm. Acesso em: 3 out. 2020.

FRANCO, Silvia Cintra. **Para Que Tantos Impostos? Dinheiro Público e Cidadania**. 2. ed. São Paulo: Moderna, 2005.

FURLAN, Anderson. **Elisão Fiscal:** Reflexões sobre sua Eevolução Jurídico-Doutrinária e Situação Actual. Portugal: Almedina, 2007.

GARCIA, Augusto Ribeiro. **Manual Prático de Arrendamento e Parceria Rural.** São Paulo: Globo, 1996.

JAKUBASZKO, Richard. **Marketing Rural: Como se Comunicar com o Homem que Fala com Deus.** São Paulo: Editora Best Seller, 1992.

KAY, Ronald D.; EDWARDS, William M.; DUFFY, Patricia A. **Gestão de Propriedades Rurais.** 7. ed. Porto Alegre: AMGH, 2014.

KOTLER, Philip. **Administração de Marketing:** Análise, Planejamento, Implementação e Controle. 5. ed. São Paulo: Atlas, 1998.

LEI n. 4.504, que dispõe sobre o Estatuto da Terra, de 30 de novembro de 1964. **Portal Oficial da Presidência da República Federativa do Brasil**, Brasília, DF. Disponível em: http://www.planalto.gov.br/ccivil_03/leis/l4504.htm. Acesso em: 3 out. 2020.

LEI n. 5.172, que dispõe sobre o Sistema Tributário Nacional e institui normas gerais de direito tributário aplicáveis à União, Estados e Municípios, de 25 de outubro de 1966. **Portal Oficial da Presidência da República Federativa do Brasil**, Brasília, DF. Disponível em: http://www.planalto.gov.br/ccivil_03/leis/L5172.htm. Acesso em: 3 out. 2020.

LEI n. 8.023, que altera a legislação do imposto de renda sobre o resultado da atividade rural, de 12 de abril de 1990. **Portal Oficial da Presidência da República Federativa do Brasil**, Brasília, DF. Disponível em: http://www.planalto.gov.br/ccivil_03/LEIS/L8023.htm. Acesso em: 3 out. 2020.

LEI n. 8.212, que dispõe sobre a organização da Seguridade Social e institui o Plano de Custeio, de 24 de julho de 1991. **Portal Oficial da Presidência da República Federativa do Brasil**, Brasília, DF. Disponível em: http://www.planalto.gov.br/ccivil_03/leis/l8212cons.htm. Acesso em: 3 out. 2020.

LEI n. 8.315, que dispõe sobre a criação do Serviço Nacional de Aprendizagem Rural (SENAR) nos termos do art. 62 do Ato das Disposições Constitucionais Transitórias, de 23 de dezembro de 1991. **Portal Oficial da Presidência da República Federativa do Brasil**, Brasília, DF. Disponível em: http://www.planalto.gov.br/ccivil_03/leis/l8315.htm. Acesso em: 3 out. 2020.

LEI n. 8.981, que altera a legislação tributária federal, de 20 de janeiro de 1995. **Portal Oficial da Presidência da República Federativa do Brasil,** Brasília, DF. Disponível em: http://www.planalto.gov.br/ccivil_03/LEIS/L8981.htm. Acesso em: 3 out. 2020.

LEI n. 9.249, que altera a legislação do imposto de renda das pessoas jurídicas, bem como da contribuição social sobre o lucro líquido, de 26 de dezembro de 1995. **Portal Oficial da Presidência da República Federativa do Brasil**, Brasília, DF. Disponível em: http://www.planalto.gov.br/ccivil_03/leis/l9249.htm. Acesso em: 3 out. 2020.

LEI n. 9.528, que altera dispositivos das Leis n. 8.212 e n. 8.213, de 10 de dezembro de 1997. **Portal Oficial da Presidência da República Federativa do Brasil**, Brasília, DF. Disponível em: http://www.planalto.gov.br/ccivil_03/leis/l9528.htm. Acesso em: 3 out. 2020.

LEI n. 9.532, que altera a legislação tributária federal, de 10 de dezembro de 1997. **Portal Oficial da Presidência da República Federativa do Brasil**, Brasília, DF. Disponível em: http://www.planalto.gov.br/ccivil_03/Leis/L9532.htm. Acesso em: 3 out. 2020.

LEI n. 10.406, que institui o Código Civil, de 10 de janeiro de 2002. **Portal oficial da Presidência da República Federativa do Brasil**, Brasília, DF. Disponível em: http://www.planalto.gov.br/ccivil_03/leis/2002/L10406 compilada.htm. Acesso em: 3 out. 2020.

LEI n. 13.606, que institui o Programa de Regularização Tributária Rural (PRR) na Secretaria da Receita Federal do Brasil e na Procuradoria-Geral da Fazenda Nacional; altera as Leis n. 8.212, de 24 de julho de 1991, 8.870, de 15 de abril de 1994, n. 9.528, de 10 de dezembro de 1997, n. 13.340, de 28 de setembro de 2016, n. 10.522, de 19 de julho de 2002, n. 9.456, de 25 de abril de 1997, n. 13.001, de 20 de junho de 2014, n. 8.427, de 27 de maio de 1992, e n. 11.076, de 30 de dezembro de 2004, e o Decreto-Lei n. 2.848, de 7 de dezembro de 1940 (Código Penal), de 9 de janeiro de 2018. **Portal Oficial da Presidência da República Federativa do Brasil**, Brasília, DF. Disponível em: http://www.planalto.gov.br/ccivil_03/_Ato2015-2018/2018/Lei/l13606.htm. Acesso em: 3 out. 2020.

LEI COMPLEMENTAR n. 11, que institui o Programa de Assistência ao Trabalhador Rural, de 25 de maio de 1971. **Portal Oficial da Presidência da República Federativa do Brasil**, Brasília, DF. Disponível em: http://www.planalto.gov.br/ccivil_03/leis/lcp/Lcp11.htm. Acesso em: 3 out. 2020.

LIMEIRA, André Luis Fernandes. **Gestão Contábil Financeira.** 2. ed. Rio de Janeiro: Editora FGV, 2015.

MACHADO, Hugo de Brito. **Curso de Direito Tributário.** 37. ed. São Paulo: Malheiros, 2016.

_____. **Planejamento Tributário**. São Paulo: Malheiros, 2016.

MARION, José Carlos; RIBEIRO, Osni Moura. **Introdução à Contabilidade Gerencial**. 2. ed. São Paulo: Saraiva, 2015.

MARQUES, Benedito Ferreira; MARQUES, Carla Regina Silva. **Direito Agrário Brasileiro**. 12. ed. São Paulo: Atlas, 2017 (rev. atual. e ampl.).

MARTINEZ, Wladimir Novaes. **Temas Atuais de Direito do Trabalho e Direito Previdenciário Rural**. São Paulo: LTr, 2016.

MARTINS, Eliseu; MIRANDA, Gilberto José; DINIZ, Josedilton Alves. **Análise Didática das Demonstrações Contábeis**. São Paulo: Atlas, 2017.

MIRANDA, Ana Paula Mendes de. **Burocracia e Fiscalidade:** Uma Análise das Práticas de Fiscalização e Cobrança de Impostos. Rio de Janeiro: Lumen Juris, 2015.

OLIVEIRA, Luiz Martins de; CHIEREGATO, Renato Hernandez; PEREZ JUNIOR, José; GOMES, Marliete Bezerra. **Manual de Contabilidade Tributária:** Textos e Testes com as Respostas. São Paulo: Atlas, 2015.

PENHA, José Ribamar Barros. **Imposto de Renda Pessoa Física:** Norma, Doutrina, Jurisprudência e Prática. 2. ed. São Paulo: MP Ed, 2011.

PORTAL DO PLANALTO. Disponível em: http://www2.planalto.gov.br/. Acesso em: 3 out. 2020.

PRADO, Roberta Nioac. **Direito, Gestão e Prática:** Empresas Familiares, Governança Corporativa, Governança Jurídica. São Paulo: Saraiva, 2011.

RECEITA FEDERAL DO BRASIL. **NORMAS:** Acompanhamento Diário da Legislação Atualizada da RFB. Disponível em: http://normas.receita.fazenda.gov.br/sijut2consulta/consulta.action. Acesso em: 3 out. 2020.

SANTOS, Gilberto José dos; MARION, José Carlos; SEGATTI, Sonia. **Administração de Custos na Agropecuária**. 4. ed. São Paulo: Atlas, 2017.

SECRETARIA ESPECIAL DA RECEITA FEDERAL DO BRASIL. **Relatório Anual da Fiscalização:** Resultados de 2019, Plano de Ação para 2020. Disponível em: https://www.gov.br/receitafederal/pt-br/acesso-a-informacao/dados-abertos/resultados/fiscalizacao/arquivos-e-imagens/plano-anual-de-fiscalizacao-resultados-de-2019-e-plano-para-2020.pdf. Acesso em: 3 out. 2020.

_____. **Relatório Anual da Fiscalização:** Resultados de 2020, Plano de Ação para 2021. Disponível em: https://www.gov.br/receitafederal/pt-br/acesso-a-informacao/dados-abertos/resultados/fiscalizacao/arquivos-e-imagens/relatorio-anual-de-fiscalizacao_sufis_2021_07_01_vfinal-1.pdf. Acesso em: 9 ago. 2021.

SILVA, Alexandre Alcântara da. **Estrutura, Análise e Interpretação das Demonstrações Contábeis.** 4. ed. São Paulo: Atlas, 2014.

SOUZA, Ailton Fernando de. **Análise Financeira das Demonstrações Contábeis.** São Paulo: Trevisan Editora, 2015.

TONDO, Claudia. **Protocolos Familiares e Acordos de Acionistas:** Ferramentas para a Continuidade da Empresa Familiar. Porto Alegre: Editora Sulina, 2009.

VASCONCELLOS, Marco Antonio Sandoval de; GARCIA, Manuel Henriquez. **Fundamentos de Economia.** 5. ed. São Paulo: Saraiva, 2014.

ZYLBERSZTAJN, Decio; FAVA NEVES, Marcos; CALEMAN, Silvia M. de Queiroz. **Gestão de Sistemas de Agronegócios.** São Paulo: Atlas, 2015.

Índice alfabético

A

Acesso à informação, 8
ADE, 56
ADI,
    4.735, 55, 61
Agronegócio, 8, 26, 74
Alíquota, 33-35, 40, 55, 57, 71, 76
Ano safra, 20
Aporte, 11
Áreas, 1, 2, 12, 23, 50-52
Arrecadação, 8, 32, 48-49, 62,
    74, 82
Arrendamento, 11, 15, 22-23, 34-35,
    37, 50-54, 64, 68,
    76, 80
Artigo
    3º, 62
    10, 40
    15, 57
    18, 46
    19, 40
    35, 38
    41, 38
    50-64, 3
    149, 60
    155, 61
    170, 61
    970, 3, 54
Atividade
    econômica, 2, 30, 50
    rural, 3, 50, 52-54, 59, 60,
        63-68, 71, 75, 76, 77, 79
Avaliação dos resultados, 8

B

Balanço Patrimonial, 6, 10, 16, 23,
    24, 30
Barter, 15, 37
Benfeitorias, 18-19, 23-24, 37, 39

C

CAEPF, 60, 64
CAFIR, 64
CARF, 43-44
Carga tributária, 47-48, 72, 74
CEI, 60, 68
CODAC,
    n. 01/19, 56-57, 59, 60
    n. 06/18, 58
Código Civil, 3, 51, 54
Coleta de dados, 5
Colher, 2
Comercialização, 7, 58
Commodities, 62
Comodato, 38, 50-53, 64, 68
Compra, 2, 10, 12, 15, 36-37, 39-41,
    43-46, 48-49, 59
Consórcio, 36, 65
Constituição, 3, 55, 61
    Federal, 54, 60, 61
Contador, 6, 47, 69, 73
Contrato de exploração, 3, 68
Controle, 5, 7-8, 10-13, 30, 52,
    72-74, 78-79

CPF, 32, 60, 64-66, 68, 75
Culturas, 2, 12
Curto prazo, 2, 23-27
Custos
    de oportunidade, 14-15, 22, 23, 68, 79
    estimados, 16
    fixos, 9
    implícitos, 22-23
    operacionais, 13
    variáveis, 9, 13

D

Dados
    contábeis, 2
    financeiros, 2
    fiscais, 2
    gerenciais, 7
    tributários-fiscais, 7
DCTFWeb, 58-60
Decreto
    n. 9.580/18, 3
    n. 11.803/05, 62
    n. 43.080/02, 62
Demonstrativo de resultado, 12
Depreciação, 14, 22-24, 79
Despesas administrativas, 13, 18-19, 21
DIAT, 9, 40-44
DIMOF, 49
DIRPF, 42
Disponibilidade fiscal, 36
Dívidas, 10, 16, 23-27
DME, 49, 67-68
DRE, 5, 10, 11, 16, 22, 30

E

Economia de escala, 15
e-Financeira, 49
Empresa rural, 3
Empresário rural, 3
Empréstimo, 11, 36, 38, 51

Estatuto da Terra, 51-52
Estoque, 13, 23-26, 73
Exploração
    da atividade rural, 50, 66, 68
    em condomínio, 51

F

FAMASUL, 63
Faturamento, 12-13, 38, 55-57, 60, 63, 79
Ferramentas de gestão, 3
Financiamento, 12, 14, 18, 20-22, 27, 29, 37, 47, 64, 73
Finanças pessoais, 3
Fisco, 8, 48, 49, 66-68, 74
Fluxo de caixa, 5, 6, 10, 12, 16, 27, 30, 32, 47-48, 71-73, 80
    projetado, 6, 20, 73
Folha de pagamento, 54-57, 59, 60, 65, 68, 72, 79
FR, 46
Fundo de reserva, 12, 30
FUNRURAL, 18, 20-22, 38, 54, 55, 57-61, 72-74, 79

G

Ganho de capital, 33, 39, 40-43, 45, 46, 53, 63, 76
Gerações, 1, 2, 29
Gerenciamento, 2
Gestão
    da informação, 3-5, 7
    de dados, 6
    do negócio, 1, 3, 4
    econômico-financeira, 3, 8-10, 29, 79
    eficaz, 3, 29, 79
    tributária, 3, 6, 8, 31, 47-48, 50, 63, 72-73, 79-80

Gestor
 rural, 7
GFIP, 60
Governança corporativa, 2

H
Hectare, 9, 17, 18, 42, 78
Herança, 39
Herdeiro, 39

I
ICMS, 61-63, 72, 79
IN, 40-41, 44, 61
 83/01, 38
 84/01, 40-41, 43-44
 971, 61
 1700/17, 38
 1867/19, 56, 59, 60
 877/19, 41
Índice
 de endividamento, 26-28
 de liquidez, 25-26
 de rentabilidade, 28-29
Informação, 5, 32, 48, 67-68, 75
Informalidade, 3, 74, 77
INSS, 7, 32, 55-56
Insumo, 2, 9, 10, 12, 13, 15, 25, 29,
 36-38, 45, 56, 62, 65, 74
Inventário, 10, 39
Investimento, 12, 27, 29, 31, 33, 35,
 37-38, 47-48, 63-64, 72
Investir, 2, 7
IRPF, 3, 31, 33-36, 42-43, 65, 78
Isenção, 38-39, 45, 61, 62
ITR, 40-44, 46, 53, 67

L
LCDPR, 3, 6, 31-32, 36, 49,
 63-69, 75

Legislação, 3, 6, 31, 33, 36, 39-40, 46,
 50, 56, 62-63, 65-66, 68,
 72, 75-76
Lei, 32, 40-41, 43-44, 51, 54-57,
 60, 80
Lei Complementar n. 87/96, 61-62
 n. 7.713/88, 46
 n. 8.023/90, 3
 n. 8.315/91, 57
 n. 9.393/96, 40, 43-44
 n. 9.528/97, 56-60
 n. 11.196/05, 46
 n. 13.606/18, 55-60
Liquidez, 10, 16, 25-26
Linha de ação, 2
Longo prazo, 2, 7, 12, 23-24, 26-27
Lucro, 3, 5, 9, 11-15, 18, 22-24, 28, 30
 34, 47, 78

M
Mão de obra, 9, 17, 19, 21, 54, 74
MAPA, 57
Maquinário, 14-15, 23, 29, 79
Margem
 de lucro, 13, 23, 28
 líquida, 28, 72
 operacional, 28
Mecanismos de controle, 8
Médio prazo, 2, 7, 12
Mercado, 7, 10, 17, 23-24, 30, 38, 46,
 53, 62-63
Metas, 2, 30, 71
Modelo de negócio, 6
Monitorar, 2, 8, 16, 49
MP
 252/05, 46
 793/17, 55
Mudança de cenário, 2

N

Negócio
  familiar, 1
  rural, 1, 6, 8, 10, 16, 23, 71
Nota fiscal, 38, 65, 67, 71, 74
  eletrônica, 49, 74

O

Oferta, 10
Orçamento, 10, 12, 16-17, 19-20, 23
Órgãos fiscalizadores, 8, 63

P

Pagamentos dedutíveis, 6
Parceria rural, 15, 50-52, 77, 80
Patrimônio, 3, 16, 24, 26-30, 36, 79
Permuta, 45
Pessoa
  física, 3, 53, 56, 58-59,
    60-63, 66-68, 72, 75, 79
  jurídica, 3, 38, 53, 56-59, 66
PIB, 3
Plantar, 2, 12, 23
Planejamento
  de safra, 10, 16
  tributário, 46, 50, 60, 79, 80
Planejar, 2, 12, 44, 73, 79
Plano plurianual da RFB, 48, 76
Preço
  final, 7
  médio, 17
Prejuízo acumulado, 39, 64
Princípio dos rendimentos
  decrescentes, 9
Produção
  de alimentos, 7, 58
  rural, 5, 28, 38, 59, 74
Produtividade, 5, 16, 17, 30, 49,
  74, 78
Produto, 2, 12-14, 36-37, 53, 61,
  62, 72, 73, 76, 79
Produtor rural, 2-4, 8, 11, 14,
  17, 37-39, 41, 44, 47,
  49, 54-61, 63-64, 67,
  69, 77-79
Profissionalizar, 3
Protocolo, 2, 30
PRR, 55, 84

R

RAT, 56
RE
  759.244, 55, 61
Receita
  bruta, 33-35, 38, 54-55, 64-66, 71-72
  tributável, 6
Regime
  de caixa, 14, 33, 36, 47, 65, 67
  de competência, 14
Regras, 2, 3
Remuneração, 11
Rendimento
  isento, 32, 36
  tributável, 32, 34-35, 38
Rentabilidade, 3, 16, 28-29, 48, 80
Resultado
  real, 12, 13, 29, 72
RFB, 49, 56, 59, 74, 77
RICMS/RS
  n. 37.699/97, 61
RIR, 38, 53

S

Safra, 10, 12-14, 16-18, 20, 22-24,
  30, 51-53, 79
Seguro de bens, 38, 45
SENAR, 56-58, 60
SERFB, 57-60
Serviços de apoio, 13
SIPT, 42
Sistema
  contábil/gerencial, 6
  de gestão, 5
  eletrônico, 8
  tributário, 31, 83
Sobras de cooperativa, 38
Sociedade, 3

Sócios, 3, 7, 11-12, 14, 29-30, 53, 71, 79
Software, 6, 8, 10, 11, 39, 46, 52, 69, 74
SPED, 49
SRF
  n. 83/01, 3
  n. 84/01, 43
STF, 54-55, 61
STJ, 44
Sucessão
  familiar, 1
Sucessor, 1

T
Tecnologia
  da informação, 3, 5

Teoria
  de mercado, 7
  econômica, 7
Tomada de decisão
  estratégica, 2, 71
  gerencial, 6
  tática, 2, 71
Trading company, 61
Transição, 1
Tratamento de dados, 5
Tributação, 33-39, 45, 50-53, 61, 63, 71, 72, 75, 76

V
Vantagens competitivas, 3
Visão sistêmica, 5
VTN, 40-44, 53